Zählt 50 Tage!

Anton Seeberger (Hrsg.)

Zählt 50 Tage!

Gottesdienste für alle Tage von Ostern bis Pfingsten

Schwabenverlag

Alle Rechte vorbehalten
© 2003 Schwabenverlag AG, Ostfildern
www.schwabenverlag.de

Umschlaggestaltung: Finken & Bumiller, Stuttgart
Satz: Schwabenverlag mediagmbh, Ostfildern
Herstellung: Clausen & Bosse, Leck
Printed in Germany

ISBN 3-7966-1095-1

Inhalt

Feiertage und Gedenktage

Vorwort

Fünfzig ist eine runde Zahl. Darum feiern wir fünfzig Jahre und fünfzig Tage. Was fünfzig Jahre gedauert hat, das ist bewährt und erweckt in uns das Gefühl von etwas Sicherem und Stabilem. Vollendet ist die Fünfzig nicht, es muss nach der Fünfzig noch weitergehen auf die Hundert zu oder weit darüber hinaus.

Fünfzig Tage lang feiern die Christen Ostern. *Die Zeit der fünfzig Tage vom Sonntag der Auferstehung bis zum Pfingstsonntag wird* – so die Grundordnung des Kirchenjahres – *als ein einziger Tag gefeiert, als der große Tag des Herrn.* Die fünfzig Tage und den fünfzigsten Tag als Zeit und Tag des Feierns haben die Christen von ihrer jüdischen Herkunft mitgenommen. Ostern feiern wir am jüdischen Osterfest, Pascha, Pfingsten feiern wir am jüdischen Wochenfest, Schavuot. Das ursprüngliche Hirtenfest ist verknüpft mit der großen Befreiungstat des Auszugs aus Ägypten, das ursprüngliche Erntefest ist verbunden mit der Offenbarung am Sinai. Die christlichen Feiern von Ostern und Pfingsten bewahren viele Elemente ihrer jüdischen Herkunft. *Zählt fünfzig Tage* lautet die Aufforderung in der Festordnung des Buches Levitikus (Lev 23,16) und verbindet Ostern und Pfingsten miteinander.

Diese fünfzig Tage umfasst der vorliegende Band mit seinen Vorschlägen für Verkündigung und Gebet. Der Band hat zwei Teile, einen größeren, der für jeden der fünfzig Tage einen Beitrag enthält, und einen kleineren für die besonderen Tage der Osterzeit.

An den Wochentagen sind die Überschriften der einzelnen Beiträge und die Verkündigung an den von der Leseordnung der Osterzeit vorgegebenen Evangelien orientiert. Tagesgebet, Fürbitten und das vorgeschlagene Lied bringen auf ihre Weise das angeschlagene Thema der Verkündigung zur Sprache.

Die Beiträge für die Sonntage der Osterzeit heben sich davon ab: Das Stichwort orientiert sich am vorgegebenen Eröffnungsvers. Die Eröffnung des Gottesdienstes und das empfohlene Lied schlagen das Thema des Eröffnungsverses an, um der ganzen Feier eine Ouvertüre voranzustellen und der feiernden Gemeinde die Tür aufzuschließen, die in das Geheimnis des jeweiligen Sonntags hineinführt. Die Leseordnung an den Sonntagen wechselt mit den Lesejahren, der Eröffnungsvers für die Sonntage ist in allen drei Lesejahren gleich.

In die Osterzeit fallen besondere Tage, die liturgisch stark, minder oder gar nicht geprägt sind: Christi Himmelfahrt, Tag der Arbeit, die Marienfeiern im Mai und der Muttertag. Neben den Vorschlägen für Verkündigung und Gebet enthalten diese Beiträge ein Gestaltungselement.

So feiern wir Christen fünfzig Tage Ostern. Wir feiern die Machttat Gottes in der Auferstehung unseres Herrn und bergen uns in der Gewissheit, dass sich dieser Anfang an uns, der feiernden Gemeinde, vollendet. Die Zahl der fünfzig Tage und der fünfzigste Tag selbst bergen die österliche Botschaft: In sieben Tagen hat Gott Himmel und Erde gemacht, darum ist die Sieben die Zahl der Schöpfung. Am Tag danach, am achten oder am ersten Tag der Woche ist Christus von den Toten erstanden. Darum feiern wir sieben mal sieben Tage die Auferstehung unseres Herrn, die ganze Weltzeit lang. Den fünfzigsten Tag begehen wir als den Tag, an dem das Geschehen von Ostern durch den Geist bleibend wird. So wird das Ewige in das Zeitliche hineingeschrieben und das Vollendete in die Wechsel unserer Geschichte.

Anton Seeberger

12

Er übergab den Geist (Joh 19,30)

I. VORBEMERKUNGEN[*]

Bei den Gottesdiensten zwischen Ostern und Pfingsten stoßen wir immer wieder auf die Tatsache: Unsere vier Evangelisten sprechen in sehr verschiedener Weise vom Kommen des Geistes. Dabei legt es schon die Auswahl der Evangelientexte in der Liturgie nahe, den Schwerpunkt in der Gedankenwelt des Johannesevangeliums zu suchen.

Bei den Benutzern dieses Buches setze ich im ersten Teil einige Punkte als bekannt voraus:

1. Ihnen ist klar, dass wir zwar vom Heiligen Geist im Neuen Testament sprechen, dass es aber *immer* diesen Gottesgeist gegeben hat: im AT[1], und im NT auch schon vor Tod, Auferstehung und Pfingsten. Denn wir bekennen ja im Großen Credo von diesem Geist: »qui locutus est per prophetas – der gesprochen hat durch die Propheten«. Auch das Frühjudentum der letzten zwei Jahrhunderte vor der Zeitenwende wusste um das Wirken des Gottesgeistes in den Propheten. So heißt es in der Ordensregel der vorchristlichen Mönche von Qumran, sie sollten alles meditieren, was durch Mose geoffenbart wurde, »und wie die Propheten offenbart haben durch Seinen heiligen Geist« *(be rúach qodeschô)*[2]. Und im NT ist schon Elisabet »vom heiligen Geist erfüllt« (Lk 1,41); Zacharias wird bei der Beschneidung des kleinen Johannes »vom heiligen Geist erfüllt« (Lk 1,67); und nach der Taufe heißt es von Jesus: »Danach trieb der Geist Jesus in die Wüste« (Mk 1,12). – Also: Der heilige Gottesgeist wirkte auch schon in vorösterlicher Zeit.

2. Zweitens setze ich voraus: Ihnen ist bekannt, dass nur nach den lukanischen Schriften, nach dem Evangelium und der Apostelge-

---

[*] Diese Einführung in die johanneische Pneumatologie habe ich in ähnlicher Form vorgetragen an der Sommerakademie Dießen. Der damalige Vortrag wurde veröffentlicht in: *Stumpf, G. (Hg.),* Der Heilige Geist am Werk – in Kirche und Welt. Landsberg 1999, S.49–61.

[1] Über mögliche Berührungspunkte: *Görg, M.,* Nilgans und Heiliger Geist: Bilder der Schöpfung in Israel und Ägypten. Düsseldorf 1997.

[2] 1QS 8,16: wörtlich: *im Geist seiner Heiligkeit.*

schichte, die ja theologisch ein Gesamtwerk bilden – (wie im Juli 1998 beim Colloquium Lovaniense, der jährlichen Tagung der Katholischen Universität Leuven, ganz klar und ohne Widerspruch festgestellt wurde) – dass also nur nach dem Doppelwerk des Lukas ein Pfingstfest geschildert wird, an dem der Heilige Geist in Feuerzungen auf die Apostel herabgekommen ist.

3. Und drittens setzte ich als bekannt voraus: Nur nach Mattäus erteilt der Auferstandene den Taufbefehl: »Gehet hin zu allen Völkern ... und taufet sie im Namen des Vaters und des Sohnes und des heiligen Geistes, ...« (Mt 28,19).

Ich wiederhole: Der Heilige Geist wirkte in Israel schon in vorchristlicher Zeit. Im NT gibt es nur bei Lukas ein Pfingstfest, und drittens gibt es nur bei Mattäus den trinitarischen Taufbefehl.

Die genannten Evangelientexte und natürlich erst recht die paulinischen Briefe waren alle schon geschrieben, als das vierte, das Johannesevangelium (= Joh) in Abschriften veröffentlicht wurde. Zu diesem Evangelium, das uns von jetzt an nur noch beschäftigen wird, möchte ich Ihnen auch einleitend meine Ansichten über Abfassungszeit und Verfasser mitteilen, ohne diese Positionen hier im Einzelnen begründen zu können. Es muss genügen zu sagen, dass es sich in der Frage der Abfassungszeit um eine von den meisten Exegeten vertretene Ansicht handelt, in der Verfasserfrage aber um die Ansicht einer Minderheit, die allerdings an Zahl zu wachsen scheint.

In der Frage der *Abfassungszeit* gehe ich davon aus, dass Joh um 95 n.Chr., also gegen Ende des 1. Jhds. veröffentlicht wurde. Das bedeutet aber nicht, dass es nicht viele Stücke enthielte, die viel früher in eine feste Form gefasst worden sind. Vergleichbar ist dieses Werk mit dem auch in Jahrzehnten gewachsenen »Faust« von Johann Wolfgang von Goethe. Der anglikanische Exeget und Bischof J.A.T. Robinson nimmt sogar eine Veröffentlichung vor 70 n.Chr. an. Sein Werk *The Priority of John* wurde von Hans-Joachim Schulz ins Deutsche übersetzt[3]. In Tübingen hat der evan-

3 *Schulz, H.-J.*, Johannes. Das Evangelium der Ursprünge. Wuppertal 1999.

gelische Altmeister der Exegese Martin Hengel schon 1989 darauf hingewiesen, dass der Verfasser des Joh nicht nur die Geografie Palästinas und die Ortsverhältnisse in Jerusalem genau kennt, sondern auch die jüdischen Bräuche zur Zeit der öffentlichen Tätigkeit Jesu[4].

In der *Verfasserfrage* festigte sich während der jahrzehntelangen Tätigkeit im Heiligen Land meine Überzeugung, dass richtig ist, was die Kirchen des Westens bis ins 19. Jhd. und die Ostkirchen bis heute mit guten Gründen festhalten: Der Verfasser ist der Zebedäus-Sohn und Apostel Johannes, der Bruder des Jakobus. Allerdings verbirgt er sich »hinter einem Schleier, den wir an keiner Stelle lüften können«[5]. Diese, meine Formulierung greift der Ordinarius für NT an der Universität Mainz auf und schreibt dazu in einer Rezension: »Zur Frage der Identität des Evangelisten ... äußert sich der Vf. vorsichtig; er hält aber die traditionelle Identifizierung mit dem Sohn des Zebedäus – mit Recht! für die wahrscheinlichtste.«[6] Die deutschsprachigen Autoren, die in ihren Büchern auch den Zebedäus-Sohn als **den** *Theólogos* und als den Verfasser des vierten Evangeliums annehmen, stellte Hans-Joachim Schulz, Würzburg, in einem Wiener Vortrag zusammen.[7]

II. DER PARAKLET

Nach diesen Vorbemerkungen kommen wir im zweiten Teil zur Pneumatologie des Joh. Von den vielen Werken über dieses Thema will ich nur die Arbeiten der beiden evangelischen Exegeten Hans-Christian Kammler, Jesus Christus und der Geistparaklet

---

4 *Hengel, M.,* The Johannine Question. London 1989. – Deutsche Ausgabe: Die johanneische Frage (WUNT 67) Tübingen 1993.
5 *Schwank, B.,* Evangelium nach Johannes. St.Ottilien, 2. Aufl. 1998: hier aus dem Vorwort.
6 *Reiser, M.,* in: Trierer Theol. Zeitschr. 106 (1997) 155f.
7 *Schulz, H.-J.,* Wie entstand das Johannesevangelium? Neue Erkenntnisse zur Motivgeschichte, Verfasserschaft und Datierung, in: Schriften der Wiener Kath. Akademie, Wien 1998, hier Anm. 2.

(Tübingen 1996)[8] und Udo Schnelle, Johannes als Geisttheologe (Leiden 1998)[9] erwähnen.

In der Verkündigung des Joh über den heiligen Geist fällt zunächst ins Auge: Nur bei Johannes wird der Geist »*der Paraklet*« (παράκλητος) genannt. Außerhalb der johanneischen Schriften kommt das Wort nur in der forensischen, juristischen Bedeutung »Anwalt«, »Advokat« vor. Auch der jüdische Philosoph Philon von Alexandria gebrauchte es nur so. Und beim jüdischen Historiker Josephus Flavius fehlt das Substantiv ganz.[10]
In der ganzen griechischen Bibel, vom Buch Genesis bis zur Johannes-Offenbarung, kommt dieses Wort dann fünfmal vor, immer bei Johannes, nämlich viermal in Joh (14,16.26; 15,26; 16,7) und einmal in 1 Joh 2,1.
Wir wollen von dieser letztgenannten Stelle ausgehen – in der Formulierung der Einheitsübersetzung (= EÜ): »Wenn aber einer sündigt, haben wir einen Beistand (παράκλητος) beim Vater: Jesus Christus, den Gerechten.« Die Stelle ist in zweifacher Weise für das Verständnis dieses Wortes aufschlussreich. Einmal wird das Wort hier in seiner ursprünglichen Bedeutung als Partizip Passiv gebraucht: der *Angerufene*, lateinisch *advocatus*, der *Fürsprecher*. Da er für uns eintritt, ist die Übersetzung »Beistand« in der EÜ zumindest an dieser Stelle berechtigt. – Noch wichtiger ist eine andere Beobachtung. Im Evangelium wird der Geist an der ersten Stelle, an der ihn Jesus in den Abschiedsreden ankündigt, so genannt: »Und ich werde den Vater bitten, und er wird euch einen *anderen* Beistand (ἄλλον παράκλητον) geben, der für immer bei euch bleiben soll, den Geist der Wahrheit« (Joh 14,16f). Johannes

---

8 *Kammler, H.-C.*, Jesus Christus und der Geistparaklet: Eine Studie zur johanneischen Verhältnisbestimmung von Pneumatologie und Christologie, in: *Hofius/Kammler*, Johannesstudien (WUNT 88) Tübingen 1996, S. 87–190.
9 *Schnelle, U.*, Johannes als Geisttheologe, in: Novum Testamentum XL (January 1998), S. 17–31.
10 Vgl. ThWNT, V,798–812. – Eine aktive Bedeutung des biblischen Wortes, etwa »Tröster« vertritt: *Riesenfeld, H.*, A Probable Background to the Johannine Paraclete, in: Studies in the History of Religions (Supplements to NUMEN) XXI, Leiden 1972, pg. 266–274.

hat also eine klare Ordnung vor Augen: Der ursprüngliche und eigentliche Paraklet ist Jesus Christus selbst, der nach Ostern für uns beim Vater eintreten wird. Doch Jesus lässt uns nicht als Waisen zurück, sondern bittet den Vater gleichsam um einen *Stellvertreter* für seine Person, wenn er weggegangen ist: Er bittet um einen »anderen Parakleten«. Wir haben es also im so genannten Corpus Johanneum (das außer dem Evangelium auch die anderen johanneischen Schriften umfasst) mit einer durchdachten, wohlgeordneten Geisttheologie zu tun. Indem Johannes für Jesus und den Geist dasselbe Wort Paraklet gebraucht, macht er deutlich, dass beide ihrem göttlichen Wesen nach gleich sind (wie zwei Hunde oder Pferde oder Menschen ihrem Wesen /homo sapiens/ nach gleich sind); indem er vom »anderen Parakleten« spricht, unterscheidet er Jesus und seinen »Stellvertreter«. Nicht umsonst werden sich die späteren vier großen Konzilien vor allem darum bemühen, in ihren Definitionen den Aussagen dieses Theologen über den (oder die) Parakleten gerecht zu werden. Schon hier merken wir:

Ohne Christologie gibt es keine Pneumatologie – wie es ohne Christologie auch gar keine Erkenntnis eines dreieinen Gottes geben kann.

Denn ganz allgemein und ohne die Unterschiede, die erst die Christologie bringt, gilt natürlich vom ewigen unfassbaren Gott: »Gott ist Geist« – πνεῦμα ὁ θεός – (Joh 4,24).

Bisher benutzten wir die Übersetzung »Beistand« oder »Advocat« für den Parakleten. Doch das ist nur ein kleiner Ausschnitt aus der Bedeutungsfülle des letztlich unübersetzbaren johanneischen Titels »Paraklet«. Die Liturgie nennt ihn, besser als manche Kommentare, im Hymnus »Veni, Creator Spiritus« nicht nur »Schöpfer«, sondern sie fährt in der zweiten Strophe fort: »Qui *Paraclitus* diceris, / *Donum* Dei altissimi / *Fons vivus*, ignis, caritas, / Et *spiritalis unctio*«. Der »Paraklet« Genannte ist »*die* Gabe Gottes« (vgl. Joh 4,10), er ist ein »lebendiger Quell« (vgl., ebenfalls am Jakobsbrunnen Joh 4,14), und er salbt uns geistlich zu Gesalbten, zu »Christen« (vgl. 1 Joh 2,20.27). Auch in der Sequenz von Pfingsten »Veni, Sancte Spiritus« kommen johanneische Gedanken vor allem in der dritten Strophe zum Ausdruck: »*Consolator* optime, / Dulcis hospes animae, / Dulce refrigerium« –

»Bester *Tröster*, süßer Seelengast, süße Labsal«. Vor diesem liturgischen Hintergrund schauen wir uns jetzt die vier Paraklet-Stellen in den Abschiedsreden genauer an.

Joh 16,7: Da Johannes mitunter die letzte oder späteste, die am weitesten entwickelte Fassung eines Gedankens in der Endfassung seines Werkes nach vorne stellt[11], wollen wir mit der wohl frühesten Aussage über den Parakleten beginnen, mit der Stelle in Joh 16,7: »Doch ich sage euch die Wahrheit: Es ist gut für euch, dass ich fortgehe. Denn wenn ich nicht fortgehe, wird der Paraklet nicht zu euch kommen. Wenn ich aber gehe, werde ich ihn zu euch senden«. Der eine geht weg, der andere kommt; das wird *hier* erklärt. An der vorgezogenen, ersten Ankündigung wird dann (unerklärt) einfach vom »anderen Parakleten« gesprochen (Joh 14,16). Hier, in Kapitel 16, fährt der Text fort und er zeigt dabei den Parakleten als eine Art »Rechtsanwalt«, der in unserem Inneren argumentiert; denn auch dort droht »die Welt«; es heißt: »Und wenn er (der andere Paraklet) kommt, wird er die Welt überführen, was Sünde, Gerechtigkeit und Gericht ist: Sünde: dass sie nicht an mich glauben; Gerechtigkeit: dass ich zum Vater gehe und ihr mich nicht mehr seht; Gericht: dass der Herrscher dieser Welt schon gerichtet ist« (Joh 16,8–11).

Wichtiger noch als diese, zweifellos schwierigen Sätze, ist das, was in den nächsten Versen folgt; denn da geht es um unser Thema, das Werk des Geistes in der Kirche. Ich übersetze wörtlich: »Noch vieles hätte ich euch zu sagen, aber ihr könnt es jetzt nicht tragen. Wenn aber jener kommt, der Geist der Wahrheit, wird er euch den Weg weisen in die ganze Wahrheit; denn nicht von sich aus wird er reden, sondern was er hört, wird er reden, und die kommenden (Dinge) wird er euch kundtun. Jener wird mich verherrlichen, da er aus dem Meinen nehmen wird und (es) euch kundtun wird. Alles, was der Vater hat, ist (das) Meine; deswegen sagte ich: Er nimmt aus dem Meinen und tut (es) euch kund« (Joh 16,12–15). Dieser Text enthält geradezu die Legitimation des Evangelisten für seine großen Christusreden, die der vor-

---

11 Vgl. *Schwank, B.*, Evangelium nach Johannes, St. Ottilien, 2. Aufl. 1998, S. 366.

österliche Jesus sicher nicht so vorgetragen hat. Aber in Johannes spricht der andere Paraklet, der ins Verständnis von *dem* einführen wird, was die Jünger vor Ostern noch nicht »tragen« konnten. Die Offenbarungsworte Jesu sind also nicht mit seinem letzten Wort am Kreuz abgeschlossen, wie etwa Joachim Jeremias annahm, für den nur die »ipsissima vox« (das ureigenste Wort) des vorösterlichen Jesus wichtig war und »die Verkündigung Jesu mit Ostern schließt«[12]. Folglich sind für ihn »die Reden Jesu im Johannesevangelium ... geradezu in Ich-Form gefasste Homilien über Worte Jesu«[13]. Unser Text dagegen betont, dass der Paraklet aus dem, was des Vaters und damit auch des Sohnes ist, nehmen wird und es den Jüngern kundtun wird: »Er nimmt aus dem Meinen und tut (es) euch kund.« Die Dogmatische Konstitution des Zweiten Vatikanischen Konzils knüpft an diese unsere wichtigen Verse Joh 16,12f an, wenn sie formuliert: »Die Apostel haben nach der Auffahrt des Herrn das, was er selbst gesagt und getan hatte, ihren Hörern mit jenem *volleren* Verständnis überliefert, das ihnen aus der Erfahrung der Verherrlichung Christi und aus dem Licht *des Geistes der Wahrheit* zufloss.«[14]

Joh 15,26: Beim nächsten Text – und *nur* an dieser Stelle ! – wird vom Parakleten gesagt: »... der vom Vater *ausgeht*« (ἐκ–πορεύε–ται), lateinisch wiedergegeben mit pro-cedere. Daher ist in der abendländischen Trinitätslehre die Rede von innergöttlichen »processiones«. Dieser Vers ist der Kardinalpunkt für die Streitgespräche mit den Ostkirchen, die entsetzt sind über unser so genanntes »Filioque«. Es wurde im Abendland um 800 n. Chr. ins Große Credo eingeschoben und will sagen, der Paraklet gehe aus »vom Vater und vom Sohne (filio-que)«. Nun ist es durchaus möglich, sich auf der Grundlage der johanneischen Aussagen über den Parakleten mit den Ostkirchen zu verständigen. Deshalb will ich darauf näher eingehen.

12 *Jeremias, J.*, Neutestamentliche Theologie: Erster Teil: Die Verkündigung Jesu, Gütersloh 1971, S. 285.
13 *Ebd.*, S. 13.
14 *Dei Verbum V,*19.

Der ganze Vers 15,26 lautet: »Wenn der Paraklet kommt, den *ich* euch vom Vater senden werde, den Geist der Wahrheit, *der vom Vater ausgeht* – jener wird über mich bezeugen.« Zunächst stellen wir fest, dass an diesem Vorgang Jesus mitbeteiligt ist.

Das gilt in ähnlicher Weise für die zwei ersten Paraklet-Stellen im 14. Kapitel, Vers 26: »Der Paraklet aber, der heilige Geist (die einzige Stelle übrigens, an der bei Joh der Paraklet so genannt wird!), den der Vater *in meinem Namen* senden wird, jener wird euch alles lehren und er wird euch an alles erinnern, was ich euch gesagt habe.«

Zehn Verse davor waren wir auf die »ausgereifteste« Darlegung des göttlichen Geheimnisses gestoßen, die ich nochmals wiederhole: »Und *ich* werde den Vater *bitten*, und *er wird* euch einen anderen Parakleten *geben*, damit er auf ewig bei euch sei: den Geist der Wahrheit, den die Welt nicht fassen kann, da sie ihn weder sieht noch erkennt« (Joh 14,16f).

Wenn wir diese Texte vergleichen, ist recht leicht erkennbar, dass beide Parteien etwas Richtiges sehen. Das lateinische Abendland sieht richtig, dass der Sohn immer mitbeteiligt ist; der griechische Osten betont ebenso richtig, der Vater sei immer der letzte Urgrund vom Sohn und dem anderen Parakleten; der Geist kommt vom Vater durch die Bitte des Sohnes. Wieso kam es zu den Missverständnissen? Vielleicht kann man es, vereinfacht, so darstellen: Der Westen hat, vor allem nach Augustinus, die Wesensgleichheit der »personae« (griechisch = πρόσωπον, d. i. die Maske und die dazugehörige Rolle des antiken Schauspielers im Theater) so sehr betont, dass man begann, den dreieinigen Gott im (unbiblischen) Symbol eines Dreiecks zu zeichnen, das man dann beliebig drehen konnte.[15]

---

15 In Paderborn gibt es ein gotisches Kirchenfenster, in dem als Symbol der Dreifaltigkeit drei gleiche Hasen aus dem Stein gehauen sind, die sich einander im Kreis jagen. – Auch das kleine, in letzter Zeit öfter abgebildete Wandbild einer mittelalterlichen Dorfkirche des 14. Jhds. im Chiemgau (Urschalling) konnte wohl nur auf dem Umweg über das Dreiecks-Denken entworfen werden: Zwischen zwei Männern steht in der Mitte eine Frau: der mütterlich gedachte Geist; Abbildung in: *Moltmann-Wendel, E.(Hrg.),* Die Weiblichkeit des Heiligen Geistes: Studien zur Feministischen Theologie, Gütersloh 1995, S. 95.

Es konnte also so gezeichnet werden:

```
            V     S
               G
oder auch so:  V
         S     G
```

Beide Anordnungen entsprechen nicht ganz den Texten. Ein ganz anderes Schema erhalten wir, sowie wir dieses unbiblische Dreiecks-Denken aufgeben und die innergöttliche Ökonomie (οἰκο–νομία – »Hausordnung«) beachten, die sich aus den neutestamentlichen, vor allem den johanneischen Texten ergibt. Nach ihr ist der Vater, trotz aller Wesensgleichheit, immer der Urgrund, der Letzte, der Größte.[16]

Nach dem NT kommt niemand zum Vater außer *durch* (διά c.gen., lat.: *per* c.acc) den Sohn (Joh 14,6). Dieses διά meint nicht nur ein räumliches »durch« (wie: durch eine Tür), sondern auch ein mitwirkendes »durch« (wie: durch die Vermittlung des Ministers). Folgendes Schema ergibt sich dann:

```
aus (ἐκ)      V
durch (διά)   S
in (ἐν)       G
```

Diese Sicht kann jeder ostkirchliche Theologe mitvollziehen. Und die Mitwirkung des Sohnes (»Filioque«) kommt nicht zu kurz. Im Sinne dieses Schemas richten wir bis heute unsere Kirchengebete an den Vater und schließen *im* Geist unsere Bitten an ihn *durch* den Sohn: »... darum bitten wir *durch* unseren Herrn Jesus Christus – ... *per* Dominum nostrum Jesum Christum.«
Rückblickend auf den zweiten Teil stellen wir fest:
Die Lehre vom heiligen Geist Gottes ist durch den typisch johanneischen Gebrauch des Wortes »Paraklet« wesentlich

---

16 Vgl. Joh 14,28 über den größeren Vater und die Ausführungen dazu in: *Schwank*, Evangelium (Anm. 11), S. 373. Oder auch: 1 Kor 15,27f vom Sohn, der alles dem Vater unterworfen wird.

durchsichtiger geworden. Die Gleichheit und die Verschiedenheit zum Sohn wird dadurch klar. Dieser »andere Paraklet« ist
es, »der das Werk deines Sohnes auf Erden weiterführt und alle
Heiligung vollendet« (Viertes Hochgebet).

III. DIE STUNDE

In diesem Schlussteil geht es um den *auch* typisch johanneischen
Begriff der Stunde. Er zeigt besonders gut, wie durchdacht und
planmäßig dieses Evangelium aufgebaut ist. Es gäbe noch andere
Begriffe, an denen sich die Verkündigung des heiligen Geistes im
Johannesevangelium aufzeigen ließe. Da gäbe es den Begriff des
»lebendigen Wassers« (Joh 4,10–14 am Jakobsbrunnen; oder Joh
7,38f beim Laubhüttenfest), dann den Begriff des »Lammes Gottes«, das sich sterbend heiligt, um auch uns zu heiligen (Joh 1,29;
17,19; 19,34–36; Offb 5,6; 19,9). Im Anschluss an das Wort
»Liebe« *(ἀγάπη)* könnte man über das heilige Pneuma sprechen
(vgl. Joh 15,10; besonders 17,26). Besonders wichtig wäre auch der
Begriff der Erhöhung und Verherrlichung (Joh 7,39).[17] Und auch an
der Gestalt »der Mutter Jesu«, die zusammenfließt mit dem Bild
des alten und des neuen Zwölfstämme-Volkes könnten Ausführungen über den heiligen Geist angeknüpft werden (Joh 2,4;
19,26f; Offb 12,1f; 19,7; 22,17).
Doch der Begriff der »Stunde« (ἡ ὥρα – lat.: *hora*) ist für Joh besonders charakteristisch. »*Seine Stunde*«, von Jesus ausgesagt,
hat nichts zu tun mit den zwölf Uhrzeit-Stunden. Es geht eher um
das, was wir auch im Deutschen kennen, wenn wir von einer Per-
sönlichkeit sagen: »Das war jetzt die große Stunde seines Lebens.«
Wir wollen die Texte durchgehen und dabei die dichterische

---

17 Vgl. dazu *Knöppler, Th.*, Die theologia crucis des Johannesevangeliums: Das
     Verständnis des Todes Jesu im Rahmen der johanneischen Inkarnations- und
     Erhöhungschristologie. (Wissenschl. Monographien z. A. u. N. Test., 69. Band),
     Neukirchen-Vluyn 1994.
     Schwank, B., Erhöht und verherrlicht, in: EuA 68 (1992), S. 137–146.
     Schwank, B., Art. »Erhöhung«, in: Bibeltheol. Wörterbuch (BThW), Graz, 4.
     Aufl. 1994, S. 135f.

Steigerung beachten, die dieses »phantastische Werk« (Martin Hengel) durchzieht.

Bei der Hochzeit zu Kana sagt Jesus zum ersten Mal, in geheimnisvoller Weise: »*meine Stunde*« (Joh 2,4). Zur Bemerkung der Mutter (Vers 3) kommentiert Thomas von Aquin in seiner Auslegung des Joh: »Maria trägt hier die Züge der Synagoge, die die Mutter Christi ist.« Unterm Kreuz wird sie zur Mutter des neuen Israel werden. Eine Vorahnung von der Geistfülle (vgl. Joh 3,34), die dann vom Erhöhten ausgehen wird, gibt schon die Veränderung der sechs Wasserkrüge in Gefäße mit Wein: Symbol der ersten sechs anwesenden Jünger, die seine »Herrlichkeit«, seine Wichtigkeit, merken und an ihn glauben (Vers 11).

Im Gespräch am Jakobsbrunnen fällt zwar auch das Wort »Stunde« (Joh 4,21.23), aber hier ohne Artikel, also nicht »die Stunde«, sondern »eine Stunde«. (Wir müssen ja im Deutschen »eine« zufügen, da wir nicht sagen könnnen: »Es kommt Stunde« – ἔρχεται ὥρα). Die beiden Ausdrucksweisen sind klar zu unterscheiden. Johannes spricht konsequent mit Artikel von »der Stunde«, wenn sich »die Stunde« auf das irdische Leben Jesu, auf seine Passion bezieht. Spricht Jesus dagegen von der Endzeit, so sagt er »es kommt eine Stunde« (ohne Artikel). Sinngemäß dürfen wir dann übersetzen: »Es kommt *eine Zeit,* und sie ist schon da«, nämlich keimhaft. Dieser Satz steht in derselben Form auch in Joh 5,25 (von der Zeit, in der die Toten seine Stimme hören) und ähnlich in 5,28.

Das Thema »*der* Stunde« wird erst in Kapitel 7 wieder aufgegriffen. Die Jerusalemer wollen ihn festnehmen,«doch keiner legte Hand an ihn; denn *seine Stunde* war noch nicht gekommen« (Joh 7,30). Seine Todesstunde ist gemeint, und von diesem Punkt erfahren wir wenige Verse später: Jesus hatte gesagt: »Ströme lebenden Wassers werden fließen aus seinem Leib.« Der Evangelist erklärt uns diese Worte so: »Das aber sagte er von *dem Geist,* den die empfangen sollten, die an ihn geglaubt haben; denn noch war kein Geist, weil Jesus noch nicht verherrlicht war« (Joh 7,38f). Wir werden also darauf vorbereitet, dass die Erhöhung Jesu am Kreuz und der Beginn der Geistsendung zusammenfallen. In Teil II war uns ja schon klar geworden: Wenn der eine Paraklet weggeht, dann kann der »andere Paraklet« kommen.

Damit nun der Leser ja nicht vergisst, auf welchen Zielpunkt alles zuläuft, heißt es schon am Ende des nächsten Streitgesprächs: »Und niemand nahm ihn fest; denn *seine Stunde* war noch nicht gekommen« (Joh 8,20).

Nach allen Erklärern des Joh besteht dieses Evangelium aus zwei großen Teilen, Kapitel 1–12 und Kapitel 13–21. Der erste Teil wird auch »das Buch des Kampfes des Lichtes mit der Finsternis« (vgl. schon Joh 1,5!) genannt und der zweite »das Buch der Herrlichkeit«. Gleich im ersten Vers dieses »Buches« stoßen wir auf »seine Stunde«: »Vor dem Fest des Pascha, als Jesus wusste, es komme *seine Stunde*, aus dieser Welt zum Vater hinüberzugehen...« (Joh 13,1). Statt »es komme« oder »es habe begonnen zu kommen« (eine Aorist-Form) lesen schlechtere Handschriften eine Perfekt-Form: »dass seine Stunde gekommen (also jetzt schon da) sei«. Die Aorist-Form verdient den Vorzug. Seine Passion beginnt jetzt, doch sie ist noch nicht am Ziel.

Wirklich da ist seine Stunde in Joh 17,1, im Hochgebet des Priesters und Königs: »Dies redete Jesus und, seine Augen zum Himmel erhebend, sagte er: ›Vater, *die* Stunde ist (jetzt) da. Verherrliche deinen Sohn, ...‹« Hier steht in allen Handschriften eine eindeutige Perfekt-Form: Etwas Unwiderrufliches ist eingetreten (πάτερ, ἐλήλυθεν ἡ ὥρα). Die ganze Passionsgeschichte, die Geschichte einer schändlichen Erhöhung, die aber für Johannes zugleich Verherrlichung bedeutet, ist hier in »*der Stunde*« zusammengefasst.

Als Jesus schon am Kreuz hängt – oder, johanneisch gedacht, vom Kreuz aus thront –, sagt er zu seiner Mutter: »›Frau, siehe dein Sohn!‹ Darauf sagt er zum Jünger: ›Siehe, deine Mutter!‹ Und von *jener Stunde* an nahm sie der Jünger in sein Eigenes« (Joh 19,27). Gleich danach: »›Es ist vollendet.‹ Und geneigt habend das Haupt, übergab er *den Geist*« (Joh 19,30). Sie sind wohl überrascht von dieser ganz wörtlichen Übersetzung. Beim Vergleich mit den Synoptikern werden wir die Bedeutung der johanneischen Formulierung erkennen: Nach Mk 15,37 stieß Jesus »einen lauten Schrei aus und hauchte aus« (ἐξέπνευσεν). Nach Mt 27,50: »Jesus aber, nochmals mit lauter Stimme schreiend, entsandte den Geist« (ἀφῆκεν τὸ πνεῦμα). Nach Lk 23,46: »Und Jesus sagte, rufend mit lauter Stimme: ›Vater, in deine Hände lege ich hinein meinen

Geist!‹ Dies aber sagend hauchte er aus« (ἐξέπνευσεν). Während bei Lukas die Richtung nur nach oben, zum Vater geht, neigt Jesus nur nach Joh sein Haupt nach unten, dorthin, wo der Jünger und die Mutter »beim Kreuz« (παρὰ τῷ σταυρῷ)[18] stehen. Ihnen, seiner geheimnisvollen Kirche, übergibt Jesus sterbend seinen Geist (καὶ κλίνας τὴν κεφαλὴν παρέδωκεν τὸ πνεῦμα).

Christi Geist wird in der Todesstunde schlechthin frei von irdischer, raumzeitlicher Gebundenheit. Er kehrt zugleich zum Vater zurück und kommt damit auf neue Weise auch zu uns. In diesem Vers 30 geht erstmals in Erfüllung, was Jesus in den Abschiedsreden angekündigt hatte: »Es ist gut für euch, dass ich weggehe« (Joh 16,7).

Erstmals empfängt der neue Leib Christi den Geist Christi, der wesensgleich ist mit dem »anderen Parakleten«, Gottes heiligem Geist.[19]

Benedikt Schwank

---

18 Sonst wird diese Präposition mit dem Dativ nur vom Stehen bei *Personen* gebraucht.

19 Von den vielen neueren Erklärern, die ebenfalls hier den Beginn des Ausgießens des Geistes auf die Kirche sehen, seien besonders die empfehlenswerten Werke des zu früh verstorbenen Sulpizianerpaters Raymond E. Brown erwähnt: *Brown, R. E.*, The Gospel According to John (The Anchor Bible) New York 1966 (3 Bände), *Ders.*, The Death of the Messiah: From Gethsemane to the grave: A Commentary on the Passion narratives in the four Gospels. Vol.1 and 2, New York 1994, hier: II, 1082f. – Bei den Kirchenvätern so schon *Ambrosius*, De Spiritu Sancto II,5: »Dem Tode fremd, gab er mit seinem letzten Hauch den Toten das Leben zum Geschenk.«

Von Ostern bis Pfingsten

Immer

Ostersonntag

Immer bin ich bei dir – mit diesem Wort aus dem Eröffnungsvers der Liturgie möchte ich Sie zum Osterfest begrüßen.

> Ich bin erstanden und bin immer bei dir. Halleluja.
> Du hast deine Hand auf mich gelegt. Halleluja.
> Wie wunderbar ist für mich dieses Wissen. Halleluja.
> (vgl. Ps 139,5–6)

Immer ist ein Wort, das uns eigentlich nicht zusteht, obwohl wir es häufig gebrauchen. Immer das Gleiche, sagen wir, wenn uns etwas langweilt. Es soll immer so bleiben, sagen wir, wenn uns etwas gefällt. Aber ganz nüchtern betrachtet: Nichts war immer so wie jetzt, nichts wird immer so sein, wie es jetzt ist. Immer und ewig gibt es nicht in unserer Welt. Was wir vermögen, ist nicht von Dauer, alles wird verbraucht und zerschlissen. Was wir in dauernder Wiederholung treiben, wird uns langweilig.

Das Wort »immer« kann nur Gott sagen. Und er sagt es im Geschehen und in der Feier von Ostern: Ich bin erstanden und bin immer bei dir. Unglaublich, dass der auferstandene Herr so zu uns redet, ohne Einschränkung, ohne Bedingung, ohne Vorbehalt: Ich bin immer bei dir. Ein Wort auf Zukunft hin. Keiner von uns weiß ja, was morgen sein wird. Vielleicht sind wir morgen schon gottvergessen oder gottlos, vielleicht fühlen wir uns morgen schon gottfern und gottverlassen. Wir wissen es nicht. Immer wissen wir es nicht, was sein wird. Aber Gott weiß es und er sagt trotzdem: Immer bin ich bei dir.

Antworten wir ihm in dieser Feier mit dem Psalmwort: Wie wunderbar ist für mich dieses Wissen! Wie wunderbar, dass du da bist und bleiben wirst! Wie wunderbar bist du, auferstandener Herr!

GL 823 (Ausgabe Freiburg und Rottenburg-Stuttgart) »Ist das der Leib, Herr Jesus Christ«

Wie es sein kann, dass dieser auferstandene Jesus Christus immer bei uns ist, in welcher Gestalt er da sein kann, reflektiert die Tradition im vorgeschlagenen Lied, das anonym überliefert und später Friedrich von Spee zugeschrieben wird. Es findet sich in 19 Diözesananhängen zum Gotteslob.

Anton Seeberger

Wo Milch und Honig strömen

Ostermontag

ERÖFFNUNG

Wir sind zu Brot und Wein zusammengekommen – die Gaben unseres auferstandenen Herrn. Das nährende Brot und der erlösende Wein sind gewonnen aus Weizen und Rebstock. Das Pflanzliche, das Irdische wird in der Hand Jesu zur Gabe des himmlischen Glücks.

Die Verheißung des überströmenden Glücks war für das aufbrechende Israel das Land von Milch und Honig. So heißt es im Eröffnungsvers:

> Der Herr hat euch in das Land geführt,
> wo Milch und Honig strömen.
> Immer soll das Gesetz des Herrn in eurem Herzen sein.
> Halleluja. (vgl. Ex 13,5.9)

Zu Brot und Wein kommen Milch und Honig: Nahrung für Kinder und Schwache, Geschenk an alle, die das Süße mögen. Milch und Honig – eine Spur des Glücks vom Vorrat der Tiere: Kuh und Biene.

Das Leben strömt uns zu, ganz so, wie wir es aufnehmen können. Eine Quelle ist aufgetan, die nie versiegt – das ist Ostern.

LIEDVORSCHLAG

GL 227 »Danket Gott, denn er ist gut«

Anton Seeberger

Begreift ihr denn nicht?

Ostermontag

SCHRIFTTEXT

Lk 24,13–35   Auf dem Weg nach Emmaus

VERKÜNDIGUNG

»Begreift ihr denn nicht?« Nein, die Jünger haben nicht begriffen, was durch den Tod Jesu geschehen ist. Wie sollten sie auch so schnell begreifen, was für uns Menschen immer schwer zu begreifen ist? Sie glaubten, mit ihm noch einen Weg vor sich zu haben, und nun hat der Tod ihre Hoffnungen abgeschnitten.

»Tot, ist das Wort so schwer zu lernen?«, fragt Clive S. Lewis in seinem Buch »Über die Trauer«, in dem er seinen Trauerweg nach dem Tod seiner Frau beschreibt. Wer begreift schon, dass ein Mensch, mit dem man dreißig, vierzig Jahre gelebt hat, tot ist? Wer begreift die Konsequenzen, die mit diesem Wort verbunden sind und die sich erst langsam in ihrer Endgültigkeit zeigen? Ja, es ist eines der schwersten Wörter, die es im Lauf eines Lebens zu lernen gilt!

Die Jünger haben den Tod Jesu nicht begriffen und sie haben getan, was alle angesichts der Unfassbarkeit des Todes tun und was hilft: Sie reden miteinander, tauschen ihre Gedanken aus. Immer wieder versuchen sie, das Ereignis erzählend zu begreifen. Jedem, der es noch nicht weiß, müssen sie es erzählen. Immer wieder das Gleiche. Und sie erzählen weniger von Jesu Tod als davon, wer er gewesen ist, was sie sich von ihm erhofft haben. Erzählend vergegenwärtigen sie seine Person, verbinden sich mit ihm, um so die Lücke nicht allzu schmerzlich zu spüren. Sie erzählen von ihrer Hoffnung, aber auch von ihrer Aufregung und ihrer Enttäuschung. In der Erinnerung ist Jesus noch lebendig und nahe. Das tröstet sie. So wie es in der Trauer vielleicht keinen größeren Trost gibt, als erzählen zu dürfen und erzählend dem Verstorbenen nahe zu sein. Eine Trauernde beschreibt es so:

»Wichtig wurde die Zeit, die mir von Freunden zum Sprechen eingeräumt wurde. Monatelang. Ich habe den Eindruck, als hätte ich alles hundertmal erzählen dürfen. Sie waren geduldig, ich durfte egozentrisch sein, sie nahmen sich zurück und ich durfte sie beanspruchen, um Johannes in den vielen Wiederholungen festzuhalten und ihn gleichzeitig mit ihrer Hilfe Stück für Stück loszulassen. Zeugnis ablegen und Zeugen haben für unsere Liebe und meinen Schmerz, das wurde wichtig, bedeutete Lebendigkeit und ein Mich-verankern in dieser Welt« (Adelpha Dufour).

Jesus hört ihnen zu, lässt sie ihre Geschichte erzählen, wird zum Zeugen ihrer Trauer und ihrer Liebe. Aber er bleibt dabei nicht stehen, führt sie ein Stück weiter: »Begreift ihr denn nicht? Wie schwer fällt es euch zu glauben ... Musste nicht der Messias all das erleiden und so in seine Herrlichkeit eintreten?« Er stellt das Unbegreifbare in einen größeren Horizont, eröffnet in ihrer menschlichen Not den Blick auf die Herrlichkeit Gottes. Er nimmt ihr Leid, ihre Trauer ernst und gleichzeitig gibt er ihnen eine Ahnung von etwas, das größer ist als der Schmerz und die Trauer.

»Begreift ihr denn nicht?« Nein, noch begreifen sie nicht, aber es wird ihnen warm ums Herz. Noch sind sie fixiert auf den toten Leichnam, sind aufgeregt, weil ihnen erzählt wurde, dass Jesus lebt. Noch begreifen sie nicht, dass Jesus ihren Blick über den Tod hinaus lenken möchte, aber im Gehen, im Austausch ihrer Erfahrungen und Gedanken, in der Begegnung mit dem Fremden, der sich alles erzählen lässt, gehen sie in ihrer Trauer Schritte nach vorne. Und sie ahnen langsam und erfahren es in der Gemeinschaft mit Jesus, dass am Ende nicht der Tod, sondern das Leben steht: »Der Herr ist wirklich auferweckt worden« (Lk 24,34).

TAGESGEBET

Gott,
du bist ein Gott des Lebens. Wir aber schauen ängstlich auf den Tod.
Führe du uns immer mehr in dein Begreifen, das die Dunkelheit und den Tod überwindet. Führe du uns immer mehr in dein Leben, das stärker ist als der Tod.
Darum bitten wir dich durch Jesus Christus.

FÜRBITTEN

Herr Jesus Christus, du gehst mit uns, unerkannt, gibst unseren Geschichten und unserer Trauer Raum. Dich bitten wir:

- Für alle, die einen nahe stehenden Menschen auf grausame Weise, durch Unfall, Mord, Suizid oder sonst durch einen plötzlichen Tod verloren haben und an der Unfassbarkeit des Todes fast zerbrechen.

- Für alle, die auch nach Jahren ihres Trauerwegs nicht weiterkommen, sich immer mehr zurückziehen und den Weg ins Leben nicht mehr finden.

- Für alle, die einsam sind in ihrer Trauer, die keinen haben, dem sie ihre Geschichten erzählen können, oder die sich scheuen, die gleichen Geschichten wieder zu erzählen.

- Für alle, deren Glaube an die Auferstehung der unbegreiflichen Erfahrung des Todes nicht standhält, die zweifeln und in ihrem Schmerz um den Verlust eines lieben Menschen nicht mehr glauben und beten können.

- Für alle, die Kraft und Zeit investieren, anderen zuzuhören, die trauernde Freunde oder Nachbarn in ihrem Schmerz ernst nehmen und ihre aufbrechende Trauer zulassen.

Für sie alle bitten wir dich, Herr Jesus Christus. Geh du mit uns, damit wir begreifen können, dass du den Tod überwunden hast. Amen.

LIEDVORSCHLAG

GL 222,1–3 »Nun freue dich, du Christenheit«

Angelika Daiker

Halt im Glauben

Osteroktav: Dienstag

SCHRIFTTEXT

Mt 28,8–15   Sagt meinen Brüdern, sie sollen nach Galiläa gehen
und dort werden sie mich sehen

VERKÜNDIGUNG

»Für wen halten mich die Leute?« Mit dieser Frage hat Jesus einst
seine Jünger konfrontiert. Er hat zur Entscheidung herausgefor-
dert und noch über seinen Tod hinweg scheiden sich an ihm die
Geister. »Euer Ja sei ein Ja und euer Nein sei ein Nein.« Ent-
schiedenheit ist gefragt. Nur wer einen Standpunkt bezieht, kann
auch selbst Stand gewinnen.

Jesus fordert zur Entscheidung heraus und seine Frage ist selbst
durch das todbringende Kreuzesgeschehen nicht einfach totzu-
kriegen. Am Ostermorgen stellt sich erneut die Frage: »Für wen
haltet ihr mich?« – sowohl für die Frauen, die das Grab aufsuchen,
wie auch für die Hohenpriester und die Ältesten des Volkes.

Doch weil die Frauen ihren Ostererfahrungen trauen, gewinnen
sie im Wagnis des Glaubens einen neuen Stand und es gehen ihnen die Augen auf, so dass sie den Auferstandenen zu erkennen
und zu umfassen vermögen.

Die Hohenpriester und die Ältesten aber, die Jesus nicht für den
Messias halten, werden nach dem Karfreitagsgeschehen in ihrer
skeptischen Haltung zusätzlich verunsichert: Erschien ihnen Jesus zu Lebzeiten so bedrohlich, dass sie ihn zum Schweigen bringen wollten, so müssen sie nun feststellen: Die Wahrheit lässt
sich nicht verschließen und durch Zweifeln ist kein Stand zu gewinnen.

»Für wen hältst du mich« – zur Entscheidung sind wir aufgefor-
dert. Ihr müssen wir uns stellen, um der Wahrheit und des Lebens
willen. Dabei hängt die Entscheidung für den Auferstandenen
nicht davon ab, ob das Grab leer war, sondern ob es zur Begegnung
mit dem Auferstandenen kommt. Das kann nur geschehen, wo er
gesucht wird – wie jetzt in der Feier der Eucharistie.

TAGESGEBET

Herr und Gott, du Urheber allen Lebens,
dein Ja zur Schöpfung hast du im Tod und in der Auferstehung deines Sohnes bekräftigt; du hast das von Sünde und Tod entstellte Leben neu geschaffen.
Erfülle uns nun mit deiner Gnade, dass wir in der Gemeinschaft mit dem Auferstandenen die Erneuerung unseres Lebens erfahren. Und was uns in der Osterfreude zuteil wird, das vollende in deinem Reich.
Darum bitten wir durch Jesus Christus.

FÜRBITTEN

Jesus Christus, der sich für uns dem Tod auslieferte und zum Leben auferweckt wurde, dich bitten wir:

– Für alle, die sich zu dir bekennen und deinen Namen tragen: dass ihre Standhaftigkeit im Glauben wachse und sie so zu einem wahrhaften Glaubenszeugnis befähigt werden.

– Für alle, bei denen Zweifel und Skepsis überwiegen: dass sie glaubwürdigen Osterzeugen begegnen und ihnen selbst Ostererfahrungen zuteil werden.

– Für alle Menschen, die auf der Suche sind nach der Wahrheit und dem Sinn ihres Lebens: dass sie dir begegnen und darin Freiheit und Heil erfahren.

– Für unsere Verstorbenen, dass sie eintreten dürfen in jenes Leben, das du all jenen verheißen hast, die dich lieben.

Du, Herr Jesus Christus, hast die Macht des Todes gebrochen und den Zugang zum Leben geöffnet. Dir sei Dank und Lobpreis in dieser Weltzeit und in deiner göttlichen Ewigkeit. Amen.

LIEDVORSCHLAG

GL 291 »Wer unterm Schutz des Höchsten steht«

Christoph Böttigheimer

Du, ich rufe dich bei deinem Namen

Osteroktav: Mittwoch

SCHRIFTTEXT

Joh 20,11–18   Ich habe den Herrn gesehen und das hat er mir gesagt

VERKÜNDIGUNG

»Name ist Schall und Rauch« – so zu reden passt in eine Denkwelt, in der Menschen nicht mehr mit Namen benannt werden, sondern mit Zahlen nummeriert sind, die man bei Nichtmehrbedarf auch wieder löschen kann. Wenn Gott beim Propheten Jesaja sagt: »Fürchte dich nicht ... ich habe dich beim Namen gerufen, du gehörst mir« (43,1) – dann ist das nicht besitzergreifend gemeint, ganz im Gegenteil. Gott schenkt und schützt unsere Freiheit und Würde, unsere Einmaligkeit und Unverwechselbarkeit. Das drückt sich in dem Namen aus, den Gott sich selber gibt. »Jahwe – Ich werde da sein als der ich jeweils für euch da sein werde« (Ex 3,14; 20,2). Das ist kein zu begreifender Begriff, sondern ein unverfügbares Du und Gegenüber. Verbunden mit einer freien, liebenden, allerdings jedem Zugriff sich entziehenden Zusage. Gott signalisiert Begegnung, Beziehung, Bund. Und indem er »Ich« sagt, können wir ihm »Du« werden und in dieser Beziehung unsere eigene Identität finden. Dieser Name Gottes besagt Nähe und Rätsel zugleich. Für jüdische Gläubige ist er so unsagbar und ehrfurchtgebietend, dass sie ihn nicht in den Mund nehmen. Sie sagen einfach: »Der Name.«

Was es heißen kann, beim Namen gerufen zu werden, das erfahren wir auch in dieser wunderbaren Ostergeschichte im Johannes-Evangelium: Maria von Magdala sucht den Leichnam Jesu im Grab. Sie ist todtraurig, mit Tränen in den Augen und völlig verstört, weil irgendwer ihren Herrn weggenommen hat und sie ihn nicht mehr finden kann. Dann spricht sie der Auferstandene an: »Maria!« – Dieses Wort kommt von Herzen und geht zu Herzen. Sie dreht sich um und erkennt ihren Meister und Freund. In dieser Begegnung entstehen bei ihr Vertrauen, Einsicht, Osterglaube.

TAGESGEBET

Gott.
Du bist unser Vater und rufst jeden von uns bei seinem Namen.
Wir danken dir für die Auferstehung deines Sohnes.
Schenke uns in seinem Namen das Leben, das nicht untergeht
und dem Tod standhält.
Darum bitten wir durch Jesus Christus.

FÜRBITTEN

Guter Gott und Vater. Von dir geliebt und beim Namen gerufen
bitten wir:

- Hilf, dass jeder Mensch die Achtung seiner Würde erfährt und
  weitergibt.

- Hilf, dass es gelingt, der Globalisierung unserer Welt ein
  menschliches Antlitz zu geben.

- Hilf, dass die Menschenwürde weltweit zum Pflichtthema
  Nummer eins wird.

- Hilf uns, die nicht zu vergessen, die namenlos irgendwo begraben sind.

Guter Gott und Vater. Von dir geliebt und beim Namen gerufen
vertrauen wir, dass uns nichts und niemand von deiner Liebe
trennen kann. Dir danken wir durch Christus, unseren Herrn.
Amen.

LIEDVORSCHLAG

GL 218,1–4 »Gelobt sei Gott im höchsten Thron«

Michael Broch

Die Würde des Menschen ist unantastbar – doch wo fängt sie an?

Osteroktav: Donnerstag

SCHRIFTTEXT

Lk 24,35–48   So steht es in der Schrift: Der Messias wird leiden
                und am dritten Tag von den Toten auferstehen

VERKÜNDIGUNG

Die Handgreiflichkeit, die Sinnlichkeit, mit der sich der Auferstandene seinen Jüngern aussetzt, zeigt das angetastete menschliche Leben: Er ist der Gekreuzigte. Er zeigt auch, dass Gott diesem angetasteten menschlichen Leben seine Macht entgegensetzt: Er ist der Auferstandene.

Eine große Herausforderung der Unantastbarkeit menschlicher Würde liegt in den Naturwissenschaften. Haben Embryonen – um ein Beispiel zu nennen – ein unantastbares Existenzrecht? Manche wollen diese unantastbare Menschenwürde erst auf Grund bestimmter Voraussetzungen gelten lassen; zum Beispiel erst dann, wenn jemand der Selbstachtung fähig ist oder Überlebensinteressen geltend machen kann. Doch was ist der Mensch davor – ein antastbares Etwas, das verfügbar, zum Handel freigegeben, wirtschaftlich verwertbar, zum Experimentieren tauglich ist?

Alle Gesichtspunkte, die geltend gemacht werden, diesem Etwas Würde und eigenständiges Existenzrecht abzusprechen, sind willkürlich gesetzt.

Wir sehen, wie antastbar, wie verletzlich das innerste Geheimnis des Menschen ist. Im heutigen Evangelium legt einer seine Hände in die Wunden, in die Verletzung, in das Angetastete menschlichen Lebens: Thomas legt seine Hände in die Wundmale Jesu.

Jesus ruft seine Jünger zur Zeugenschaft. Sie, wir sind Zeugen dafür, dass der Auferstandene gerade das Angetastete, die Verletzung, die Verwundung des Lebens angenommen hat. So wird Gott selbst zum Anwalt des Unantastbaren: Keine menschliche Instanz kann verleihen oder wegnehmen, zusprechen oder absprechen, was unsere Würde ausmacht.

In dieser Szene des heutigen Evangeliums liegt ein Anstoß zur Veränderung unserer Sichtweise. Der Mensch in seiner angetasteten Würde, mit seiner verletzten Seele und seinem verwundeten Leib erfährt den Zuspruch des Auferstandenen: Ich lebe und auch du sollst leben.

TAGESGEBET

Gott.
Du hast den Menschen wunderbar erschaffen. Soviel wir über Werden und Vergehen wissen, das Geheimnis menschlichen Lebens wird nicht kleiner, sondern größer.
Lass deine Erlösten erkennen, wie groß das Werk deiner Liebe ist; lass sie staunen über die Kraft, die allem Lebendigen innewohnt und lass sie das Geheimnis des verwandelten Lebens erfassen, das du uns in der Auferstehung deines Sohnes erschlossen hast.
Darum bitten wir durch ihn, Jesus Christus.

FÜRBITTEN

Gott, du hast uns in der Auferstehung deines Sohnes die Verheißung gegeben, keinen Menschen verloren gehen zu lassen. Wir bitten dich:

– Für alle, die in ihrem naturwissenschaftlichen Forschen die Grenzen berühren, die uns gegeben sind.

– Für die christliche Theologie und die Lehrenden des Glaubens, dass sie in der aufrichtigen Begegnung mit dem neuen Wissen die Chancen entdecken und die Gefahren wahrnehmen.

– Für alle, die Folter und Missbrauch, Vergewaltigung und Unterdrückung erleben und im innersten Kern ihrer Würde und Achtung verletzt wurden.

– Für unsere lieben Verstorbenen, dass sie in der Fülle erleben, was sie in ihrem Glauben gesucht und in ihrem Tun bezeugt haben.

Gott, was kein Auge gesehen, kein Ohr vernommen und keines Menschen Sinn erdacht hat, hast du denen bereitet, die dich lieben. Lass uns unsere Welt im Licht dieser österlichen Wahrheit sehen und Diener der Freude sein. Amen.

LIEDVORSCHLAG

GL 226,1.4 »Nun freut euch hier und überall« (vor allem: »Ich will von Sünden auferstehn, wie du vom Tod erstanden, ich will zum andern Leben gehn ...«)

Robert Widmann

Österliche Begegnungen sind diskret

Osteroktav: Freitag

SCHRIFTTEXT

Joh 21,1–14   Jesus trat heran, nahm das Brot und gab es ihnen,
ebenso den Fisch

VERKÜNDIGUNG

Zum wiederholten Mal, »noch einmal« zeigt sich der gekreuzigte
Jesus als der Lebendige. Es gab zuvor schon einige österliche Begegnungen. Allen gemeinsam ist dies: Jesu Jüngerinnen und Jünger machen eine für sie lebenswichtige Erfahrung: Jesus ist nicht
im Tod geblieben, er lebt, er gibt sich ihnen zu erkennen. Dabei
überfällt er sie nicht. Er begegnet ihnen behutsam dort, wo sie gerade sind. Und es fällt auf:
Jesus begegnet seinen Weggefährten inkognito; also gerade nicht
aufdringlich, sondern einladend; nicht zudringlich, sondern mit-
fühlend; schon gar nicht moralisierend, doch stets ermutigend.
Jesus bleibt bei all diesen Begegnungen diskret. Er setzt bei seinen
Freundinnen und Freunden etwas in Bewegung und entzieht sich
ihnen. Er lässt sie in Freiheit mit ihren neuen Erfahrungen umgehen.
Im heutigen Evangelium ist es die Begegnung des auferstandenen
Jesus mit Petrus und weiteren Jüngern. Nach Jesu Tod am Kreuz
waren sie zu ihrem Fischerberuf zurückgekehrt. Wieder einmal
kehren sie vom Fischfang heim, erfolglos, leere Netze, nichts gefangen. Im Vertrauen auf ihren Herrn, der sich zu ihnen gesellte,
werfen sie die Netze – und das bei Tag! – nochmals aus. Diesmal
ist es ein voller Erfolg. Sie brauchen gar nicht erst zu fragen: Wer
bist du? – Sie wissen es: Es ist ihr Herr! Beim gemeinsamen Mahl
gehen ihnen die Augen auf. Sie sind erfüllt von Dankbarkeit, Vertrauen und Liebe.

TAGESGEBET

Guter Gott.
Du bist mit uns, wo wir gerade sind. Du sprichst zu uns in der Sprache, die wir verstehen. Du kommst uns nahe in Zeichen, für die unser Herz erschlossen ist.
Wir bitten dich: Mach uns aufmerksam für deine Nähe und bereitwillig für deinen Auftrag.
Darum bitten wir durch Jesus Christus.

FÜRBITTEN

Guter Gott und Vater unseres auferstandenen Herrn Jesus Christus. Wir bitten dich:

– Vom auferstandenen Jesus geht bis heute eine ungebrochene Faszination und Begeisterung aus. Wir beten für alle, die zu Jesus gehören.

– Menschen machen unterschiedliche Erfahrungen in ihrem Glauben. Hilf ihnen, die eigenen religiösen Erfahrungen der Menschen ernst zu nehmen und die der anderen zu respektieren.

– Lass uns dem auf der Spur bleiben, was jesuanisch ist, was dem Geist Jesu heute entspricht.

Guter Gott und Vater. Wir möchten gerne und froh glauben, dass du Jesus aus dem Tod in dein göttliches Leben und in unser Leben hinein hast auferstehen lassen. Dir sei Lob und Ehre in Ewigkeit. Amen.

LIEDVORSCHLAG

GL 222,1–3 »Nun freue dich, du Christenheit«

Michael Broch

Glaubensverweigerung

Osteroktav: Samstag

SCHRIFTTEXT

Mk 16,9–15   Geht hinaus in die ganze Welt und verkündet das
Evangelium allen Geschöpfen!

VERKÜNDIGUNG

Der Osterglaube ist eine Zumutung. Er widerspricht unserer und
aller Menschheitserfahrung. Die Griechen, denen man auf Grund
ihrer Philosophie Weisheit zubilligte und sie als Autorität aner-
kannte, haben den Apostel Paulus auf dem Areopag abblitzen lassen: »Darüber wollen wir dich ein andermal hören« (Apg 17,32).
Unlösbare Fragen vertagt man. Themen, die stets wiederholt werden, werden mit der Zeit unsympathisch und lästig.
Die Gottesdienste der Osterzeit wiederholen das Ostergeschehen
in immer anderen Erzählweisen. Stiftet die Wiederkehr desselben
Glauben? Gemäß dem geflügelten Wort »Steter Tropfen höhlt
den Stein«? Dieses Evangelium widerspricht solcher Erfahrung.
»Und sie glaubten nicht«, heißt es stereotyp. Ob dieser Ver-
stocktheit werden die Jünger von Jesus getadelt, »weil sie denen
nicht glaubten, die ihn nach seiner Auferstehung gesehen hatten«
(Mk 16,14b). Ob man anderen glauben kann und soll, darüber lässt
sich streiten. Es geht um das Gewicht der Aussage: ob Auferstehung vom Tod möglich ist oder nicht. Als von den Toten Er-
weckter stellt sich Jesus vor die Elf. Er erwartet von ihnen eine
Reaktion, eine Stellungnahme. Schweigen ist keine Antwort.
Wer glaubt, entscheidet sich für oder gegen. Der Gott-Glaubende
setzt auf den Gott, der – wie der Prophet sagt – »retten kann« (Jes
45,20); für den der Tod keine Barriere ist; der eine Antwort auf die
endgültige Lebensgrenze bereithält. Der Garant für dieses todüber-
windende Handeln Gottes ist Jesus, der auferstandene Herr. Der
Unglaube stellt das Handeln Gottes in Frage. Er begnügt sich mit
einer begrenzten Erkenntnis. Unglaube wagt nicht den Sprung
über die Barriere des Todes. Er schränkt die Möglichkeiten Gottes

ein. Er bevorzugt den Raum der Ungewissheit. Findet sich ab mit dem »Vielleicht oder »Gar nicht«.

Es fragt sich, ob man sich angesichts eines alles-vermögenden Gottes verschließen kann. Ihm die Antwort des Glaubens verweigern darf. Ein Gott, der retten, also den Menschen erhalten will über den Tod hinaus, muss eine hohe Wertschätzung und Ehrfurcht vor den Menschen haben. »Die Würde des Menschen ist unantastbar« steht in unserer Verfassung. Wird diese Qualität nicht gestützt durch den Osterglauben? Ist die Auferstehung vom Tod gar die folgerichtige Konsequenz?

TAGESGEBET

Allmächtiger Gott.
Du hast deinen Sohn vom Tod erweckt. Er ist für uns Garant und Versprechen, dass du uns nicht im Tod lässt.
Stärke in uns die Auferstehungshoffnung. Löse die Härte unseres Unglaubens. Lass uns erfahren, dass wir mitten im Tod von dir, dem lebendigen Gott, umfangen sind.
Darum bitten wir durch Jesus Christus.

FÜRBITTEN

Durch die Auferweckung Jesu vom Tod hat Gott seine Allmacht und Vatersorge erwiesen. Deshalb bitten wir:

– Für die Menschen, die dir deine Allmacht absprechen und dich in deinen Möglichkeiten beschränken wollen.
  (Gott allen Lebens, höre uns.)

– Für die Menschen, die sich mit ihrem zeitlichen Ende abgefunden haben und die Überwindung des Todes ausschließen.

– Für die Menschen, deren Kräfte abnehmen, und für alle, die angesichts des nahen Todes nach dir ausschauen.

Leben spendender Gott. Du stehst zum Menschen, dem Werk deiner Schöpfung. Dir sei Lobpreis durch Jesus Christus, den Auferstandenen, heute und allezeit. Amen.

LIEDVORSCHLAG

GL 293 »Auf dich allein ich baue«

Heribert Feifel

Die Milch der frommen Denkungsart

Zweiter Sonntag der Osterzeit

ERÖFFNUNG

Heute stehen in unseren Gottesdiensten die Kinder im Mittelpunkt – Kinder im festlich weißen Gewand oder im Weiß der Liturgie, um an den Tisch des Herrn zu treten. Sie kommen zum Tisch, an dem das wahre Wort zum Leben gesprochen wird, und zum Tisch, an dem Brot und Wein verteilt werden.

Der Eröffnungsvers der Liturgie wagt den Vergleich: Seid wie neugeborene Kinder, so lauter und so bedürftig:

> Wie neugeborene Kinder
> verlangt nach der unverfälschten Milch des Wortes,
> damit ihr durch sie heranwachst und das Heil erlangt.
> Halleluja. (1 Petr 2,2)

Das Bild der unverfälschten Milch ist sprichwörtlich geworden durch Friedrich Schiller in seinem Schauspiel Wilhelm Tell, 1804 uraufgeführt. Da spricht der Held zu sich selbst:

> Du hast aus meinem Frieden mich heraus
> Geschreckt, in gärend Drachengift hast du
> Die Milch der frommen Denkart mir verwandelt (IV,3)

Schütten wir das gärend Drachengift aus uns heraus und bitten wir um die süße Milch der frommen Denkungsart – um die Geradlinigkeit unserer Gedanken und um die Erschlossenheit unserer Seele.

LIEDVORSCHLAG

GL 259,1–2.5–6 »Erfreue dich, Himmel, erfreue dich, Erde«

Anton Seeberger

Nacht und Neugeburt

Zweite Woche der Osterzeit: Montag

SCHRIFTTEXT

Joh 3,1–8   Wenn jemand nicht von neuem geboren wird, kann er
das Reich Gottes nicht sehen

VERKÜNDIGUNG

Nachts erwachen die Ängste in der Seele. Denn eng wird es, so-
bald den Augen das Licht ausgeht und sie den Dienst versagen.
Die eigene Kommunikation bricht zusammen. Lichterkrücken
zerfleddern allenfalls das Unheimliche oder das Heilige der
Nacht.

Nacht und Finsternis sind am Anfang der Welt über der Urflut
(vgl. Gen 1,2–5). Mit dem Tohuwabohu der Finsternis erzeugt
Gott neue, schöpferische Energie. Die Nacht sondert Licht ab.
Gibt Leben frei.

Bei Nacht sucht Nikodemus Jesus auf (Joh 3,2). In dem mit Finsternis belegten Tohuwabohu menschlichen Suchens hört Nikodemus das Wort vom Neu-geboren-Werden. Den Weg sieht er
noch nicht, aber er ist auf seinem Suchweg aus der richtungslo-
sen Finsternis schon in der Nacht angekommen, an dem Ort, wo
Gott es Licht werden lässt.

Er arbeitet an dem menschlichen Bild Jesu: »Wenn jemand nicht
neu geboren wird, kann er das Reich Gottes nicht sehen« (Joh 3,3).
Und Nikodemus sieht noch nicht. Zurück in die Nacht und Enge
des Geburtskanals? Diesen Weg gibt es nicht. Eine gelebte Zeit
kann nicht weggewischt werden. Die Tage, Monate und Jahre bergen zu viele Sekunden der Gemeinschaft mit Gott, als dass sie
spurlos wieder nichts werden könnten. Zurück geht nicht. Lebensgeschichte bleibt Aufgabe für den Augenblick.

Neu geboren werden kann darum nur in der Zukunft liegen. Das
ist die nächste Sekunde, der neue Wimpernschlag, der das Bren-
nen aus dem Auge wischt. Nikodemus legt Vertrauen in das Bild
Jesu, weil er bei ihm Helle für seine Existenz spürt. Jesu Lehre und
Leben bringen ihn in die Nähe Gottes. Und diese Nähe Gottes ist

eine Dynamik, die Menschen neu werden lässt. Nicht neuer Wein in alten Schläuchen und starker Stoff auf alten Fetzen (Mk 2,21f): Eine neue Geburt geschieht, die den ganzen Menschen von innen heraus mit neuem Licht erfüllt.

Jesus verbindet mit dem Neu-geboren-Werden Wasser und Geist, die Elemente der Schöpfungsnacht. Im Wasser der Taufe geht der alte Mensch unter wie in den Tagen der großen Flut (Gen 7,17–8,22), um aus dem Geist neu geboren zu sein (Joh 3,6). Für dieses neue Leben steht der Regenbogen Pate. Ihn wird keine Flut mehr unterspülen können (Gen 9,13).

In die Begegnung von Jesus und Nikodemus leuchtet das Ostergeschehen. Jesus sagt: »Nur noch kurze Zeit ist das Licht bei euch. Geht euren Weg, solange ihr das Licht habt, damit euch nicht die Finsternis überrascht. Wer in der Finsternis geht, weiß nicht, wohin er gerät« (Joh 12,35).

Gerade diese Finsternis brach aus, als Jesus am Kreuz starb. Die Finsternis der Gottesferne. Ihn hat sie nicht überrascht, sie hatte schon von Gott ihren Namen: Nacht, Ort der Neuschöpfung von Leben. Der Geist Gottes selber trägt durch solche Neuschöpfung. Als österliche Menschen sind wir daher nicht Flickwerk, nicht die siebte Auflage der dreizehnten Reform, sondern vom innersten Wesen her neu, aus dem Geist geboren. Der weht, wo er will, du spürst ihn.

Aber erst nach der Geburt weißt du, wer du bist. Das Neue des Ostergeschehens will täglich in uns Leben werden, das von Gottes neuem Reich kündet, ähnlich, wie die Zeichen Jesu das Licht Gottes für Nikodemus spürbar werden ließen.

TAGESGEBET

Guter Gott.
Die Nacht hat für uns Menschen etwas Unheimliches und Bedrohliches. Unsere Sinne versagen, Orientierung wird trügerisch und Kommunikation erschwert. Trotzdem feiern wir Heilige Nächte, aus denen uns dein Heil erwächst. Dich erfahren wir lebendig und gütig auch jenseits unserer Grenzen und Wahrnehmungen.

So lass uns dir immer lebendig verbunden bleiben durch Jesus Christus, deinen Sohn und unseren Bruder, der uns das Leben erhellt im Heiligen Geist, heute und in Ewigkeit.

FÜRBITTEN

Herr und Gott, du willst, dass wir das Leben haben und es in Fülle haben, dass wir durch und durch neue Menschen sind. Darum bitten wir dich:

– Für Menschen, die im Dunkeln leben und keine klare Sicht mehr für ihr Leben haben: Lass ihr Leben hell werden durch deinen Geist.

– Für Menschen, die in der Nacht der Sünde gefangen sind: Lass sie Barmherzigkeit und Versöhnung erfahren.

– Für Menschen, die in der Finsternis der Gottesferne sich selbst und allen Lebensmut verlieren: Schenke ihnen belebende Begegnungen, die sie aus deiner Liebe neu werden lassen.

– Für alle Menschen, deren Lebensweg zu Ende ist: Lass du sie neu geboren sein für deine Ewigkeit.

So bitten wir durch Jesus Christus, deinen Sohn, der mit dir lebt und für uns um das Licht des Heiligen Geistes besorgt ist, heute und in Ewigkeit. Amen.

LIEDVORSCHLAG

GL 555 »Morgenstern der finstern Nacht«

Heinrich Klöpping

Wer glaubt, hat das ewige Leben

Zweite Woche der Osterzeit: Dienstag

SCHRIFTTEXT

Joh 3,7–15   Niemand ist in den Himmel hinaufgestiegen außer
dem, der vom Himmel herabgestiegen ist: der Menschensohn

VERKÜNDIGUNG

Ein Pharisäer namens Nikodemus sucht Jesus bei Nacht auf und
es entwickelt sich nicht nur ein Gespräch, es kommt zu einer
wahren »Nikodemusstunde«: Jesus beantwortet diesem »führen-
den Mann unter den Juden« seine tiefste Frage, die zu stellen er
wohl allen Mut und den Schutz der Dunkelheit braucht: »Rabbi,
wir wissen, du bist ein Lehrer, der von Gott gekommen ist ...«
(Joh 3,2), so fängt Nikodemus an zu reden, um eine Landebahn für
sein Anliegen zu bauen.

Und Jesus? Er scheint es nicht übers Herz zu bringen, ihn zappeln
zu lassen. Es ist immer wieder dieselbe tief sitzende Frage, mit der
sie zu ihm kommen: die samaritische Frau am Jakobsbrunnen,
der reiche Jüngling ... Sie alle suchen, fragen zuinnerst nach einer
größeren Wirklichkeit hinter dem alltäglich Zugemuteten; sie
alle greifen aus nach einem gelingenden Leben durch alles Miss-
lingen hindurch, dürsten nach einem Leben, das nicht so zu dar-
ben braucht, nicht so vom Erlöschen bedroht ist wie das unsere.

Jesus kennt diese Sehnsucht der vielen, die ihn aufsuchen, und er
kommt Nikodemus entgegen: Willst du das Reich Gottes sehen,
musst du neu geboren werden! Ja, wundere dich nicht! Neu geboren werden! Obwohl du alt bist.

Das Reich Gottes kann sehen, wer Jesus Christus aufnimmt, verkündet Johannes zu Beginn seines Evangeliums. Das Reich Gottes kann sehen, wer an den Namen Jesu Christi glaubt: »Gott ist
Heil – Gott ist Hilfe!«, heißt er. Das Reich Gottes wird sehen jeder und jede, die an Jesus Christus glauben, an das menschgewor-
dene Erbarmen Gottes. Jeder und jede, die glauben, dass er, der
vom Himmel herabsteigt und am Kreuz erhöht wird, unsere Ver-

söhnung mit Gott ist, unsere Rettung, uns geschenkt. Jede und jeder, die und der sich auf den Namen Jesu Christi taufen lässt, wird aus dem Geist Gottes wiedergeboren und »hat in ihm das ewige Leben«. Welche Zusage! Nicht nur für den sehnsüchtigen Nikodemus! Welcher Hoffnungshorizont!

TAGESGEBET

Gott,
deine Treue hat Jesus aus dem Tod gerettet. Sie ruft auch uns in die Herrlichkeit des neuen Lebens.
Lass diese Zuversicht in unser ganzes Leben dringen. Lass diese Freude aus unseren Taten strahlen.
Darum bitten wir durch Jesus Christus.

(Messbuch – Tagesgebete zur Auswahl 12)

FÜRBITTEN

Jesus Christus, Menschensohn, vom Himmel herabgestiegen zu uns Menschen, Erbarmen Gottes mit uns Menschen, zu dir rufen wir:

– Gib dich den Menschen zu erkennen, die sich nach Leben sehnen und nach dem wahren Leben suchen: Hilf ihnen, das Zeugnis des Glaubens anzunehmen.
(GL 562 »Lob dir, Christus, König und Erlöser«)

– Stärke und ermutige alle, die im Dienst der Verkündigung des Evangeliums stehen: Was sie lesen, lass sie im Glauben ergreifen, was sie glauben, lass sie verkünden, und was sie verkünden, lass sie im Leben erfüllen.

– Schenke uns allen Nikodemusstunden: Lass uns verstehen, wie sehr Gott uns Menschen liebt, dass er dich, seinen eingeborenen Sohn, für uns hingab und durch den Tod hindurch ins neue Leben rief.

– Nimm unsere Verstorbenen auf in deine Herrlichkeit: Erhebe sie, die aus dem Wasser und dem Heiligen Geist wiedergeboren wurden, aus dem Tod zum ewigen Leben.

Denn du bist überreich an Erbarmen für alle, die zu dir rufen. Dank und Lobpreis sei dir in Ewigkeit. Amen.

LIEDVORSCHLAG

GL 635 »Ich bin getauft und Gott geweiht«

Clemens Stroppel

Retten, nicht richten

Zweite Woche der Osterzeit: Mittwoch

SCHRIFTTEXT

Joh 3,16–21   Gott hat seinen Sohn in die Welt gesandt, damit die
             Welt durch ihn gerettet wird

VERKÜNDIGUNG

Wo wir auch hinschauen: Angst vor dem Gericht beobachten wir
genauso wie Gleichgültigkeit gegenüber der letzten Bilanz unseres Lebens. Wo wir auch hinhören: Überstrapazierung des Rich-
tergottes finden wir ebenso wie leichtfertigen Umgang mit der
Botschaft von der Barmherzigkeit Gottes.

Im Evangelium des Johannes findet sich dieser Satz: »Gott hat die
Welt so sehr geliebt, dass er seinen einzigen Sohn hingab, damit
jeder, der an ihn glaubt, nicht verloren geht, sondern das ewige Leben hat« (Joh 3,16). Der Apostel Johannes geht davon aus, dass die
»Welt« sich von Gott abgewandt hat. Viel Verqueres, Verdrehtes,
Gottloses findet sich in unserer Welt. Unserem Gott aber liegt
viel an Rettung, Heil, Heilung, Erlösung. Deswegen hat er seinen
Sohn hergegeben – eine barmherzige, liebevolle Äußerung Gottes, uns zuliebe. Sein Liebstes, sein Kostbarstes hat er hingegeben:
den einzigen, geliebten Sohn. Er sendet ihn in die Welt und gibt
ihn frei bis zur Auslieferung ans Kreuz. Er will also nicht Verderben, Verlust, Tod, sondern Leben und Rettung, gelungenes Leben,
Heil und Heilung.

Auch dieser Satz findet sich in unserem Evangelium: »Gott hat
seinen Sohn nicht in die Welt gesandt, damit er die Welt richte,
sondern damit die Welt durch ihn gerettet wird« (Joh 3,17). Er will
also die an seinen Sohn Glaubenden dem Zugriff des Gerichts ent-
ziehen. Ein überraschender Gedanke, denn wir hören und lesen ja
immer wieder von dem drohenden Gericht Gottes. Richtig bleibt,
dass Unglaube Gericht zur Folge hat. Wer nicht glaubt, ist schon
gerichtet. Das kommende Gericht hat bereits seinen Lauf genommen. Verweigerung der rettenden Hand Gottes ist bereits der
Auftakt für den Verlust der endgültigen Rettung.

Wer den Glauben an Jesus verweigert, zieht sich das Gericht zu. Wer aus freier Wahl sich dem von Gott gesandten einzigen, lieben Sohn Gottes versperrt, der schließt sich selbst vom ewigen Leben, vom Heil, von der endgültigen Rettung aus.

So ist es nach Johannes richtig, davon auszugehen, dass das Gericht bereits jetzt beginnt, und die Befreiung vom Gericht bereits begonnen hat. Beim »letzten Gericht« wird dann lediglich noch festgestellt, für was sich ein Mensch im Lauf seines Lebens entschieden hat, welche Wahl er in der ihm zugeteilten Spanne des Lebens in dieser Welt getroffen hat. Der Ernst der Gerichtsbotschaft ist damit nicht aufgelöst. Aber denen, die es versuchen, auf dem Weg des Glaubens aufrichtig und geradlinig zu gehen, ist etwas ganz Wichtiges, Tröstliches, Ermutigendes verheißen: »Gott hat die Welt so geliebt, dass er seinen einzigen Sohn hingab, damit jeder, der an ihn glaubt, nicht verloren geht, sondern das ewige Leben hat. Denn Gott hat seinen Sohn nicht in die Welt gesandt, damit er die Welt richtet, sondern damit die Welt durch ihn gerettet werde« (Joh 3,16–17).

Der hohe Einsatz, den der unbegreifliche Gott mit der Hingabe seines einzigen, lieben Sohnes leistet, soll für uns und unser Leben nicht vergebens sein. Rettung ist angesagt und nicht Gericht.

TAGESGEBET

Gott der Barmherzigkeit, Gott des Trostes.
Durch Jesus ermutigst du uns, darauf zu bauen, dass dir an unserer Rettung, an der Erlösung vieler, an Heil und Heilung aller Menschen liegt. Wir danken dir für diese Ermutigung.
Wir bitten: Erneuere unseren Mut, mit der Kraft dieser Verheißung aufzubrechen. Verbanne aus unserer Mitte ängstliches Starren auf den Tag des Gerichtes. Lege Worte in unseren Mund, damit wir die Ängstlichen und Gleichgültigen ermutigen können. Darum bitten wir durch Jesus Christus.

FÜRBITTEN

Gott. Du hast deinen Sohn in die Welt gesandt, damit die Welt durch ihn gerettet wird:

– Deshalb erinnern wir uns an die Verängstigten in unserem Lebenskreis und bitten: Lass keinen Menschen der Verzweiflung anheimfallen.

– Deshalb erinnern wir uns an die Gleichgültigen in unserem Lebenskreis und bitten: Lass keinen Menschen im Grau des Alltags versinken.

– Deshalb erinnern wir uns an die Resignierten in unserem Lebenskreis und bitten: Lass keinen Menschen die Zuversicht verspielen.

– Deshalb erinnern wir uns an die Leichtfertigen in unserem Lebenskreis und bitten: Lass keinen Menschen den Weg des Lebens verfehlen.

Denn du willst, dass niemand verloren geht und alle das Leben finden bei dir. Denn du lebst und waltest mit Jesus und dem Heiligen Geist zu unserem Besten jetzt und in Ewigkeit. Amen.

LIEDVORSCHLAG

GL 634 »Dank sei dir, Vater, für das ewge Leben«

Anton Bauer

Das wirkliche Leben

Zweite Woche der Osterzeit: Donnerstag

SCHRIFTTEXT

Joh 3,31–36   Der Vater liebt den Sohn und hat alles in seine Hand
gegeben

VERKÜNDIGUNG

Den Hintergrund zum heutigen Evangelium bildet die Rivalität
zwischen den Jüngern des Täufers Johannes und denen Jesu. Der
Evangelist stellt den Täufer ganz klar vor Jesus und lässt ihn sagen: »Ich bin nicht der Messias, sondern nur sein Gesandter.«
Im ganzen Johannesevangelium geht es ja darum, die Herrlichkeit
Gottes wahrzunehmen und die Wirklichkeit der Welt. Diese Welt
hat Jesus nicht erkannt. Der Mensch in seiner Selbstherrlichkeit
sieht nur das Vordergründige, das Irdische. Erst wenn er mit dem
Herzen sieht, entdeckt er das Wesentliche.
Der Evangelist spricht deshalb von »oben« und »von der Erde«,
von »himmlisch« und »irdisch«. Wer Jesus irdisch sieht, verkennt
ihn wie Natanael: »Was kann aus Nazaret Gutes kommen?« (Joh
1,46).
Das Johannesevangelium will uns aufwecken. Jesus möchte den
Menschen zum Leben führen, innerlich lebendig machen und von
seinen Illusionen befreien. Der beziehungs- und liebensunfähige
Mensch soll in das Geheimnis der Liebe eingeführt werden, die
zwischen Vater und Sohn herrscht. Der Vater gibt dazu den Geist
unbegrenzt, ohne Rücksicht auf Klassen oder Religionen.
Am Schluss des heutigen Evangeliums steht der »Zorn Gottes«.
Verträgt sich der Zorn mit der Barmherzigkeit? Zorn ist kein blo-
ßer Affekt, er zeigt vielmehr die Gegenwart Gottes über aller
menschlichen Verschlossenheit. Das Gericht Gottes vollzieht
sich nach dem vierten Evangelium schon jetzt, es liegt in der Entscheidung, ob der Mensch das Licht des Offenbarers Jesus an-
nimmt oder die Augen zumacht. Faktisch gibt es die Ablehnung,
darum auch der Zorn Jesu über die Hartherzigkeit der Pharisäer.
Der Zorn steht nicht gegen die Barmherzigkeit Gottes, es ist der

Zorn des Barmherzigen über den Gesetzlichen, dem die Einhaltung der Vorschriften wichtiger ist als die Heilung des Menschen. Darum soll der Mensch aufwachen und dem heiligen Messias nachfolgen, in dem die Herrlichkeit Gottes erscheint und der uns zu königlichen Menschen beruft. In zahlreichen symbolischen Bildern lädt der Evangelist uns ein, die Welt mit den Augen Gottes zu sehen: das wunderbare Leben in Fülle, das Gott uns schenkt. Zugleich sind wir gerufen, gegen die Verschlossenheit der Welt und der Menschen anzutreten, die sich selbst genügen. So aber verraten sie die Partnerschaft Gottes und führen sich selbst in den Tod der Liebe.

TAGESGEBET

Barmherziger Gott,
du lädst uns ein, die Gegenwart des Auferstandenen in unserem Leben zu feiern. Seine Auferstehung bezeugt die Kraft der Liebe gegen alles Versinken im Tod.
Wecke uns auf, damit wir aus unserer Selbstherrlichkeit auferstehen und das heilende Licht in uns aufnehmen, das du selber bist.
Darum bitten wir durch Christus unseren Herrn.

FÜRBITTEN

Gott, deine Herrlichkeit leuchtet in unsere Finsternis. Darum rufen wir zu dir:

- Viele Menschen sind gefangen in sich selbst. Lass sie auferstehen zum Leben.

- Wir erleben, wie Menschen sich gegenseitig das Leben schwer machen. Befreie sie von allem verkrampften Kreisen um sich selbst.

- Oft sind Menschen im Leistungsdenken verhaftet. Lass uns den Wert erkennen, den du jedem Menschen schenkst.

- Bedingungslos lieben zu können ist schwer. Lass die Liebenden die Größe deiner unendlichen Liebe erfahren.

– Beten wir in einem Augenblick der Stille in unseren persönlichen Anliegen.

Die Auferstehung Jesu ist der Grund unseres Lebens und Glaubens. Dafür danken wir jetzt und in Ewigkeit. Amen.

LIEDVORSCHLAG

GL 226 »Nun freut euch hier und überall«

Wolfgang Gramer

Lebenshunger oder
der Geschmack des wahren Brotes

Zweite Woche der Osterzeit: Freitag

SCHRIFTTEXT

Joh 6,1–15   Jesus teilte an die Leute aus, so viel sie wollten

VERKÜNDIGUNG

Was wir oft Wunder nennen, wird vom Evangelisten Johannes
Zeichen genannt. Damit macht er deutlich, wie sehr wir Menschen auf Zeichen und Zeichenhandlungen angewiesen sind.
Gleichzeitig betont er damit, dass Jesus solche Zeichen gesetzt
und gewirkt hat, die den einen Menschen zum tieferen Glauben
geführt haben und die anderen zu verstärkter Ablehnung. Er
selbst ist schließlich das Zeichen, an dem sich die Geister ge-
schieden haben und auch heute noch scheiden.
Die Schlüsselworte Jesu sind keine Zauberworte im herkömm-
lichen Sinne, sondern es sind die Wandlungsworte, die wir in jeder Eucharistiefeier hören, wenn der Priester sie spricht. Es sind
die Worte, in denen sich das Lebenswerk bündelt. Es sind seine
Grundhaltungen, aus denen heraus er gelebt, gelehrt und gewirkt
hat und auch heute wirkt und wirken will. In ihnen drücken sich
die Ursehnsüchte und Hoffnungen der Menschen damals und
heute aus: der Herzenswunsch, angenommen, wertvoll und geliebt zu sein.
Jesus nahm die Brote, sprach das Dankgebet und teilte sie an die
Leute aus. Jesus nimmt all das an, was für uns Menschen so hart
und trocken ist wie unser tägliches Brot; er nimmt uns die Angst
ab, dass es nicht reicht, dass wir zu wenig haben oder leer ausgehen; unsere Urangst, wir könnten im Leben zu kurz kommen.
Jesus spricht das Dankgebet über das Wenige, das Geringe und
eröffnet damit eine neue Möglichkeit, persönlich und gemein-
schaftlich miteinander gut umzugehen. Im Danken wird das Geringe nicht gering geschätzt und verachtet, sondern hoch geachtet und aufgewertet. Dankbarkeit ist und bleibt ein wesentliches
Qualitätsmerkmal christlichen Lebens.

Jesus teilt und setzt damit ein Zeichen, das bis heute gilt und wirksam ist in den Herzen der Menschen, die ihr Leben nach ihm ausrichten. Im Teilen wird Leben gewandelt, wird Glück und Freude vermehrt und Leid und Sorge mitgetragen.

Johannes rückt diese Szene von der Brotvermehrung in die Nähe des jüdischen Paschafestes, um darauf hinzuweisen, dass in Tod und Auferstehung Jesu er sich selbst als das wahre Osterlamm und Lebensbrot hingibt und uns schenkt.

Wir können wohl ein Leben lang über diese Kernworte Jesu und unseres Glaubens meditieren, bis sie auch uns in Fleisch und Blut übergehen, damit wir noch viel deutlicher als österliche Menschen leben können.

TAGESGEBET

Gott unseres Lebens.

Jesus, dein Sohn, nimmt uns Menschen an, wie wir sind. Er nimmt sich unser an und sieht, was wir wirklich brauchen, um wahrhaft leben zu können. Er nimmt das manchmal harte und trockene Brot unseres Alltags in seine Hände. Er spricht das Dankgebet und teilt. So geschieht das Wunder der Wandlung. So wirkt er die wunderbare Brotvermehrung. So zeigt er uns das Geheimnis seiner alles teilenden Liebe. Wir danken dir für dieses große Zeichen und bitten dich:

Öffne die Herzen der Menschen, damit auch in ihnen ein solches Wunder geschehen kann, mitten in ihrem Alltag. Lass uns erfahren, wie reich wir werden, wenn wir teilen, was wir haben und zum Leben brauchen.

Darum bitten wir durch Christus, unseren Herrn.

FÜRBITTEN

Gott, du kennst unseren Hunger nach Leben. So kommen wir zu dir als Menschen, die nach dem wahren Leben hungern und dabei oft so unersättlich und übersättigt zugleich sind. Wir beten:

– Für Menschen, die angeblich alles haben und so satt sind, dass sie keine Sehnsucht mehr in sich spüren.

– Für Menschen, die hungern müssen auf unserer Erde, weil ihnen der tägliche Reis oder andere Grundnahrungsmittel fehlen.

– Für Menschen, die sich einüben in einen solidarischen Lebensstil und bereit sind, in Verantwortung geschwisterlich zu teilen.

– Für Menschen, denen das Geheimnis der Eucharistie die Kraftquelle ihres Lebens geworden ist.

Bei dir, Jesus, werden wir nicht billig abgespeist, sondern angenommen. Du schickst uns nicht weg mit leeren Versprechungen. Du stillst und erfüllst den Hunger unserer Seelen. Du schenkst uns das Brot, das nicht nur den Körper, sondern auch die Seele nährt. Dafür danken wir und darum bitten wir, heute und alle Tage, bis in Ewigkeit. Amen.

LIEDVORSCHLAG

GL 618 »Brich dem Hungrigen dein Brot«

Paul Weismantel

Das rettende Wort

Zweite Woche der Osterzeit: Samstag

SCHRIFTTEXT

Joh 6,16–21   Die Jünger sahen, wie Jesus über den See ging

VERKÜNDIGUNG

»Ich glaube nur, was ich mit eigenen Augen sehe«, so sagen viele Menschen, wenn sie sich selbst von einer Sache überzeugen möchten; sich selbst ein Bild machen, sich eine eigene Meinung bilden und sich nicht auf das Hörensagen, das Geschwätz und die Gerüchteküche verlassen wollen. Das ist an und für sich eine vernünftige Einstellung. Da befinden wir uns in guter Gesellschaft. Der zu Unrecht für ungläubig gehaltene Thomas wollte sich auch mit eigenen Augen von der Auferstehung Jesu überzeugen, und er wollte es mit eigenen Händen begreifen.

Nun werden wir aber heute mit einer Situation konfrontiert, in der die Jünger mit eigenen Augen sehen. Trotzdem glauben sie nicht, dass einer zu Fuß über den See geht, ohne unterzugehen. Was sie sehen, macht ihnen Angst. Auch die Kulisse, das übrige Drumherum ist furchterregend. Es ist Nacht, der See ist aufgewühlt vom Sturm, riesige Wellen bedrohen sie.

Aber erst, als sie Jesus übers Wasser gehen sehen, heißt es, sie fürchten sich. Sie fürchten sich, weil sie nicht glauben können. Erst als er zu ihnen sagt: »Ich bin es«, erst als sie seine Stimme hören und erkennen, vergeht ihre Angst. Als sie ihn erkennen, weicht alles Bedrohliche. Es ist keine Rede mehr von Dunkelheit, hohen Wellen und Sturm. Als sie ihn erkennen, wollen sie ihn ins Boot nehmen. Aber das ist gar nicht mehr notwendig. Die Angst ist weg, sie sind am sicheren Ufer.

Das Gefühl von Alleinsein, von Verlassensein und die Angst davor kennen wir sicher alle. Wenn ein kleines Kind im Gewühl einer Fußgängerzone die Eltern aus den Augen verliert, sich plötzlich fürchtet und anfängt zu weinen. Wenn einer bei einer Wanderung die Gruppe verliert und plötzlich mutterseelenalleine dasteht. Wenn wir nach einem Streit mit dem Partner vergeblich auf sein Nachhausekommen warten und nicht schlafen können. Dann brauchen wir dieses Ich-bin-da, ich bin es, fürchte dich nicht, ich bin doch da, du brauchst keine Angst zu haben, alles wird gut.

So wird dieses vertraute Gesicht zu einer Offenbarung, das die Angst, die Dunkelheit und den Streit vertreibt, das uns wieder vertrauen und aufatmen lässt. Ich wünsche Ihnen in Ihrem Leben viele »Ich bin es«- oder »Ich bin da«-Erfahrungen, damit Sie auch dann glauben und vertrauen können, wenn Sie nicht sehen oder verstehen.

TAGESGEBET

Herr, unser Gott,
du hast deinen Sohn Jesus Christus in unsere Welt gesandt, damit wir nicht allein und im Dunkeln bleiben müssen.
Stärke unseren österlichen Glauben an deine Gegenwart und bleibe bei uns.
Darum bitten wir, durch Christus unseren Herrn.

FÜRBITTEN

Herr Jesus Christus, wenn es dunkel um uns wird und wir mit unserem Lebensschiffchen in den hohen Wellen unterzugehen drohen, rufst du uns zu: Fürchtet euch nicht! Wir bitten dich:

– Für alle Menschen, die den Boden unter den Füßen verloren haben, die scheinbar sinnlos und ziellos durch das Leben treiben: Gib ihnen Halt durch dein rettendes »Ich bin da«.

– Für alle, die einmal aufgebrochen sind, um ein erfülltes Leben zu suchen, und nun die Richtung verloren haben: Geh du ihnen entgegen.

– Für alle, die zwar sehen, aber noch nicht glauben und verstehen können: Öffne du ihnen die Augen.

– Für uns selbst, die wir uns allzuoft in äußerliche Sicherheiten und Versicherungen verlieren: Gib uns – auf dein Wort hin – die Kraft und den Mut loszulassen.

Denn du, Herr Jesus Christus, bist das Leben, das österliche Licht, das alles Dunkel erhellt. Du führst uns durch diese Zeit, dir sei Lob und Dank in Ewigkeit. Amen.

LIEDVORSCHLAG

GL 291 »Wer unterm Schutz des Höchsten steht«

Josef Wiedersatz

Osterspieler mit erblühten Lauten

Dritter Sonntag der Osterzeit

Die Freude von Ostern muss fortdauern. Darum stimmen wir heute wieder das Lied der Freude an. Die Freude von Ostern drängt hinaus. Sie will mitgeteilt, heraus posaunt und überall erzählt werden. Die Nachricht von der Auferstehung unseres Herrn ist so überwältigend, dass sie allen Menschen bis an die Enden der Erde erzählt werden muss. Menschen, die Ostern feiern, müssen aus sich und dem Angestammten heraus. Die Nachricht der Auferstehung gilt allen, wir können sie nicht für uns behalten. Darum steht über unserer heutigen Liturgie ein Psalmwort der Universalität.

Jauchzt vor Gott, alle Menschen der Erde!
Spielt zum Ruhm seines Namens!
Verherrlicht ihn mit Lobpreis!
Halleluja. (Ps 66,1–2)

Jauchzen, spielen, singen, verherrlichen – so schwingen wir uns ein in die Feier des Lebens, in den Überschwang des lebendigen Gottes. Die Lyrikerin Rose Ausländer fasst die Freude der Befreiung, des Frühlings, der Offenbarung, der Auferstehung in das folgende Gedicht:

Wir spielen Ostern

Wir spielen Ostern mit den Kindgewordnen
Wir spielen Winterende Lenzbeginn
Osterduft und Goldblauglanz
bis sich das Schneeland auflöst und verwandelt
Schneeglocken auferstehn weiß duften
Glocken läuten und alles mitspielt

Wir Osterspieler mit erblühten Lauten
Veilchenflöten Sonnenorgeln
Wir österlich Vertrauten

Spielen Thoratanz und Offenbarung
mit Hyazinthen und erweckten Blättern
spielen Osterduft und Wiederfreude
Wiederfinden alles Auferstandnen
Wiederwissen dass wir Kinder sind

(Rose Ausländer)

LIED

GL 223 »Wir wollen alle fröhlich sein«

Anton Seeberger

Abendmahl für Schnäppchenjäger

Dritte Woche der Osterzeit: Montag

SCHRIFTTEXT

Joh 6,22–29   Müht euch nicht ab für die Speise, die verdirbt, sondern für die Speise, die für das ewige Leben bleibt

VERKÜNDIGUNG

Am Samstag ist Flohmarkt, mal in der Stadthalle, mal auf dem großen Parkplatz beim Freibad. Ob Ramsch, ob Raritäten, so mancher Euro wandert über die improvisierten Stände der Hobbyhändler. Und manches Hehlergut ebenso. Die Wirtschaft mag dorren, der Flohmarkt floriert. Die Massen strömen zum Kaufen. Und so mancher hat da schon seinen Glücksfund geangelt. Die Winter- und Sommerschlussverkäufe liefern vergleichbare Bilder für gesellschaftliche Momentaufnahmen.

So kommt mir auch die heutige Perikope vor: eine Momentaufnahme von Schnäppchenjägern. Wo gibt es das sagenhafte Brot? Wo ist heute dieser fliegende Händler? Der Meister mit dem Himmelwürzigen? Rabbi, wann bist du hierher gekommen? »Wann habt ihr den Laden hier aufgemacht?«, klingt ebenso. Die Szene des Evangeliums erlaubt diese Vergleiche, drängt sie sogar auf. Sie erklären, warum Jesus nicht in anständigem Ton sagt, wann er am andern Ufer angekommen ist, frühmorgens beim Hahnenschrei oder noch mitten in der Nacht, in der Hitze des neuen Tages oder zur Vesperzeit. Jeder dieser Momente wäre tauglich für tiefsinnige Deutung oder spitze Anspielung gegen die Pharisäer.

Stattdessen reagiert Jesus direkt, fast schroff! Ihr wollt nichts Neues bewegen, ihr sucht kein Heil, keine Lebenswende, keine neue Perspektive: Ihr wollt nur auf die Schnelle mal wieder satt werden. »Mama, gehen wir wieder ein Brötchen holen beim Pfarrer?«, sagte ein Kommunionkind am Fronleichnamsmorgen.

Mit unseren Momentaufnahmen im Hinterkopf verlassen wir die Rahmenhandlung und schauen aus nach der Botschaft des Tages. In das Zeichen des Brotes gibt sich Jesus. In das tägliche Brot, das der Mensch im Schweiße seines Angesichtes essen soll

(Gen 3,19), aber auch in jenes Brot, mit dem Melchisedek den Abram segnete und sagte: »Gesegnet sei Abram vom Höchsten Gott, dem Schöpfer des Himmels und der Erde« (Gen 14,19). So sehen wir in Brot und Wein nicht nur das lebensnotwendige Nahrungsmittel (Melchisedek brachte Brot und Wein), sondern zugleich älteste Wurzeln des Segens, der Gottesnähe zu den Menschen. Jesus verbindet in seinem Brot Grundbedürfnisse des Menschen mit göttlichem Segen. Beides zusammen gibt den Stoff, aus dem die Heilsansagen Jesu sind. Er, der von Gott, dem Vater, mit seinem Siegel Beglaubigte (Joh 6,27), gibt darum ein Brot, das nicht mehr verdirbt, nicht in das Vergessen der Menschen zerbröselt, sondern frisch bleibt für das ewige Leben.

Und was kostet dieses Schnäppchen für die Ewigkeit?, fragen die Leute im Dialog. Jesus nennt den Preis: an den glauben, den Gott gesandt hat. Das erscheint als billiger Preis auf den ersten Blick. Und doch ist es kein Schnäppchen. Denn Glauben hängt mit geloben zusammen und mit verloben. Glauben ist eine enge, vertrauensvolle Beziehung, ein Bund, auf Ewigkeit angelegt. An sie ist die Grundhaltung gebunden: »Du sollst den Herrn, deinen Gott, lieben mit ganzem Herzen, mit ganzer Seele und mit all deinen Gedanken« (Mt 22,27 und Dtn 6,5). Im Brot Jesu, in Abendmahl und Eucharistie begründen und beleben sich immer neu jene Lebenskräfte, die wir »ganzheitliches Christsein« nennen können, oder mit Johannes gesprochen, in denen wir neu geboren sind aus Geist und Wasser.

Den Begriff »Quelle und Höhepunkt christlichen Lebens« haben wir nicht umsonst.

TAGESGEBET

Barmherziger Gott.
In dir gründet unser Leben und aus dir heraus sind wir Menschen. Diese Würde erfahren viele Menschen nicht. Die Erfahrung der Liebe und das Notwendige zum Leben ist ihnen verwehrt und geschmälert.
Mach uns zu Helferinnen und Helfern in den äußeren Notlagen und in den inneren Nöten der Menschen. Mach uns großzügig mit

den Gütern, die wir haben und mit der Liebe, die du in uns gelegt hast.

Darum bitten wir durch Jesus Christus.

FÜRBITTEN

Herr, unser Gott, als Quelle und Höhepunkt christlichen Lebens bekennen wir das heilige Mahl. Aus dieser Gemeinschaft mit Christus heraus bitten wir dich:

– Schenke unseren Kindern und Jugendlichen überzeugende Wegbegleiterinnen und Wegbegleiter auf dem Weg zu deinem Tisch.

– Lass uns alle immer neu die kostbare Kraft spüren, die aus dem Geheimnis des Glaubens in unser Leben strömt.

– Das Brot ist als Zeichen des Lebensunterhaltes verblasst. Sende uns umso mehr deinen Beistand, der uns den sorgsamen Umgang mit allen Gütern deiner Schöpfung lehrt.

– Lass unsere Verstorbenen erleben, dass dein Brot eine wahre Speise für das ewige Leben ist.

Gütiger Gott, im heiligen Mahl deines Sohnes öffnet sich uns das Geheimnis unseres Glaubens. Bewahre unsere Gemeinschaft mit ihm durch deinen Heiligen Geist, heute und in alle Ewigkeit. Amen.

LIEDVORSCHLAG

GL 544 »Das Geheimnis lasst uns künden«

Heinrich Klöpping

Ich bin

Dritte Woche der Osterzeit: Dienstag

SCHRIFTTEXT

Joh 6,30–35 Nicht Mose, sondern mein Vater gibt das wahre
Brot vom Himmel

VERKÜNDIGUNG

»Was tust du? Welche Zeichen wirkst du?«, wird Jesus gefragt.
Das heißt ja soviel wie: »Zeig uns, was du fertig bringst! Weise
uns etwas vor, was uns von dir überzeugt!«
Auch uns begegnen diese Fragen: »Was kannst du? Was bringst du
fertig?« Oder noch argwöhnischer: »Ob du das überhaupt fertig
bringst? Ob wir dir trauen können?«
Wenn ich solchen Fragen begegne, besonders von Menschen, die
mir eigentlich lieb und teuer sind, dann kann das schmerzen. Besonders dann, wenn ich das Gefühl haben muss: Es zählt nur
meine Leistung! Es gilt nur das, was ich beweisen und belegen
kann! Dann fühle ich mich als Person gar nicht ernst genommen.
Und ich wollte doch eigentlich um meiner selbst willen geschätzt
und geachtet werden.
Ob es Jesus auch geschmerzt hat, als die Menschen um ihn herum
nur fragen: »Was tust du? Was bringst du fertig? Welche Beweise
legst du uns vor?«
Jesus reagiert jedenfalls nicht verärgert. Aber er antwortet über-
raschend: Er liefert keinen Wunderkatalog. Auf das: »Was tust du?
Was kannst du?«, antwortet er mit seinem: »Ich bin!«
Er will nicht irgendwelcher Großtaten wegen verehrt und beju-
belt werden. Er will nicht als Zauberer vor ihnen stehen und ins
Weltverzeichnis der Kuriositäten eingehen. Er weiß, dass all dies
Bejubeln und Bewundern nie bis in die Tiefe reicht. Er weiß, dass
das immer etwas Oberflächliches bleibt und keine persönliche
Beziehung daraus erwächst.
Er will vielmehr anerkannt sein in seiner Sendung. Er will begeg-
nen in seiner Person. Er will gesucht sein als das »nahrhafte«
Gegenüber, als Freund.

Und was er als Person anzubieten hat? Jesus greift das Bild auf, das seine Gesprächspartner ins Spiel gebracht haben, das Bild vom Brot in der Wüste, vom Manna bei der Wüstenwanderung des Volkes Israel. Es ist ein Bild, das von der Zeit spricht, da das Volk Israel die größte Gefährdung erlitten, aber auch die eindringlichste Führung Gottes erlebt hat. Es ist das Bild, das vom Weg aus der Knechtschaft in die Freiheit spricht. All dies ist mit dem Bild vom Brot in der Wüste verbunden: Hoffnung auf ein geglücktes Leben, Hoffnung auf ein befreites Leben, Wissen um die besondere, liebevolle Nähe Gottes – gerade auch in der äußersten Gefährdung. Und wenn er sagt: Ich bin das Brot vom Himmel, drückt er zugleich aus: In mir ist all dies gegenwärtig! In mir, in der Verbundenheit mit mir, in der Nähe zu mir findet ihr all dies: Ermutigung, Stärkung, Kraft zum Aufstehen. In mir ist euch die Nähe und Freundschaft Gottes gegenwärtig. In mir ist Gott selbst heilend, befreiend nahe. Darum kommt in die Freundschaft mit mir, nehmt teil an mir. Esst von diesem Brot.
Ich habe euch nicht irgendetwas anzubieten! Ich habe euch meine Freundschaft, die Treue des Vaters anzubieten! Ich bin das Brot vom Himmel – für euch!

TAGESGEBET

Herr Jesus Christus, wir brauchen Stärkung und Ermutigung für unser Leben – Tag für Tag: Wir suchen in dieser Feier die Begegnung mit dir. Denn du kommst vom Vater und bist sein liebevolles Entgegenkommen in Person.
Wir danken dir und bitten: Mach uns ganz offen für dich, für deinen Zuspruch, für deine heilende Nähe, für deine Herausforderung. Und lass uns von dir lernen, wahrhaft Mensch unter Menschen zu sein, gesandt von Gott selbst.
Darum bitten wir dich, der du lebst und wirkst in alle Ewigkeit.

FÜRBITTEN

Jesus Christus, dir dürfen wir in unserem Zusammensein hier begegnen, von dir dürfen wir lernen. Wir bitten dich:

– Du bist das Brot vom Himmel. Sei Nahrung für alle, die ihren Alltag als Wüste erfahren.

– Du bist die offenbare Liebe Gottes. Sei all denen nahe, die an der Lieblosigkeit und Gleichgültigkeit ihrer Umgebung leiden.

– Du bist die Herausforderung Gottes. Stärke alle, die sich um den Geist der Solidarität bemühen.

– Du bist das Leben über den Tod hinaus. Führe alle, deren irdischer Weg zu Ende gegangen ist, in deine Vollendung.

Ja, Herr, in der Begegnung mit dir empfangen wir neue Kraft und neue Hoffnung. Dir sei Lob und Ehre in Ewigkeit. Amen.

LIEDVORSCHLAG

GL 538,1–2.4.7 »O heilger Leib des Herrn«

Johanna Merkt/Wolfgang Schrenk

Leibhaftig auferweckt

Dritte Woche der Osterzeit: Mittwoch

SCHRIFTTEXT

Joh 6,35–40 Es ist der Wille meines Vaters, dass alle, die den Sohn sehen und an ihn glauben, das ewige Leben haben

VERKÜNDIGUNG

Salome ist neun Jahre alt und interessiert an den großen Fragen des Lebens. Was nach dem Tod kommt, das beschäftigt sie ganz besonders. Auf dem Land aufgewachsen kennt sie das Sterben der Tiere und hat schon manchen toten Vogel begraben. Tote Käfer und Würmer auf der Straße erregten schon immer ihre Aufmerksamkeit. Sie glaubt daran, dass die toten Tiere genauso wie die verstorbenen Menschen bei Gott im Himmel sind. Aber seit einiger Zeit hat sie ein Problem. Weil es für sie völlig normal ist, dass die Körper der Tiere und Menschen in der Erde zerfallen, stellt sie sich nun die Frage, wie das im Himmel ist, wenn man keine Augen, keine Ohren, keinen Mund, keine Nase, keine Hände mehr hat. Denn das wäre furchtbar für sie, nichts mehr hören, nichts mehr reden können, nichts mehr sehen, nichts mehr essen und trinken, nichts mehr mit den Händen tun können. Bei Gott zu sein ist für sie nur interessant, wenn sie bei ihm auch noch alle ihre Sinne gebrauchen kann. Denn was wäre das für ein ewiges Leben, wenn es ganz unsinnlich wäre?

Also, wie ist das im Himmel, habe ich da noch meinen Mund und meine Nase, meine Augen und Ohren, meine Hände? Für Salome muss Auferstehung auch leibhaftig sein. Wir Erwachsene haben es damit oft nicht so leicht. Dass es die Seele ist, die weiter lebt, das wagen wir vielleicht zu hoffen. Aber dass der zerfallende, schon zu Lebzeiten oft schwerfällige Leib mit in die Ewigkeit eingeht, das übersteigt unser Denken.

»Ich bin das Brot des Lebens; wer zu mir kommt, wird nicht mehr hungern, und wer an mich glaubt, wird nicht mehr durstig sein!« (Joh 6,35). Jesus kennt den leiblichen Hunger der Menschen, weiß, dass sie mit tröstlichen oder frommen Worten allein nicht zufrieden sind. Bei alten Menschen, die nicht mehr viel reden, nicht mehr viel tun können, vielleicht auch geistig stark abgebaut haben, sind die Mahlzeiten oft die einzigen Höhepunkte des Tages. Sättigung und Zuwendung, Genuss und Erinnerung, Gemeinschaft und Fest, all das verdichtet sich im täglichen Essen. Nicht mehr hungrig und durstig sein, könnte das nicht auch so verstanden werden, dass Essen und Trinken gar nicht mehr so wichtig sind? Denn als Gesättigte brauchen wir vielleicht gar nicht mehr zu essen. Doch, es bleibt wichtig. Weil Jesus uns Brot und Wasser, Brot und Wein ist, gehören Essen und Trinken nicht nur während des irdischen Lebens zu uns Menschen, sie bleiben Teil der lebendigen Beziehung zu ihm. »Wer mein Fleisch isst und mein Blut trinkt, der bleibt in mir, und ich bleibe in ihm« (Joh 6,56).

Jesus ist uns Speise und Trank, lebendige Nahrung, auf eine ganz besondere Weise. So wie er sich uns gibt, bleiben wir nicht bedürftig zurück. »Ich bin das Brot des Lebens« (Joh 6,48). Gibt es ein stärkeres Bild dafür, dass wir in unserem Menschsein bis über den Tod hinaus von Jesus wahrgenommen und ernst genommen werden? Auch die neunjährige Salome kann in diesem Bild vom Essen und Trinken ihre Antwort finden. Jesus Christus, der unsere Freude am Essen, unseren Hunger und Durst kennt, er wird uns am Letzten Tag auferwecken, mit all unseren Sinnen!

TAGESGEBET

Ewiger Gott,
du kennst unsere Bedürftigkeit,
stille du unseren Hunger und Durst.
Du kennst unsere Angst vor dem Verderben,
lass keinen von uns zugrunde gehen.
Gib uns durch die Auferstehung deines Sohnes
Anteil am ewigen Leben.
Darum bitten wir durch Jesus Christus.

FÜRBITTEN

Herr Jesus Christus, du bist uns lebendige Speise und lebendiger Trank. Dich bitten wir:

– Für alle Menschen, die Hunger und Durst leiden, vor allem für die Kinder, denen das Nötigste fehlt, um zu gesunden Menschen heranwachsen zu können.

– Für alle Menschen, die dir und deiner Botschaft vertrauen wollen und dabei immer Fragende und Zweifelnde bleiben und um jede Antwort ringen müssen.

– Für alle, die in ihren körperlichen Möglichkeiten eingeschränkt sind, die schwer krank keinen Appetit mehr haben und ihren Körper als Last empfinden.

– Für alle, die Angst vor dem Sterben haben, weil ihr Blick über den Tod hinaus kein Bild findet für ein Leben bei Gott.

Herr Jesus Christus, für sie alle bitten wir dich, der du gesandt bist, damit keiner von denen, die der himmlische Vater deiner Obhut übergeben hat, verloren gehe. Auf dich vertrauen wir und sagen dir Lob und Dank. Amen.

LIEDVORSCHLAG

GL 618,1.3–4 »Brich dem Hungrigen dein Brot«

Angelika Daiker

75

Vom Hunger nach Leben

Dritte Woche der Osterzeit: Donnerstag

SCHRIFTTEXT

Joh 6,44–51   Ich bin das lebendige Brot, das vom Himmel gekommen ist

VERKÜNDIGUNG

Eindringlich spricht Jesus im Evangelium die Menschenmenge
an. Er will ihnen einen Weg zeigen, wie sie in ihr Leben finden
können. Der Evangelist weiß, dass die Dinge des Alltags viel Kraft
kosten. In der Antike war die tägliche Mühe um das Lebensnotwendige für die Mehrheit der Menschen sehr anstrengend gewesen. Allein den Lebensunterhalt zu sichern war für viele schwer
genug.
Leben bedeutet vor allem im Johannesevangelium mehr als Essen
und Trinken. Über den Tag hinaus sehen lernen, das ist jetzt gefragt. Wenn es um die lebensnotwendigen Dinge geht, sind Leben
und Tod Jesu eine Antwort, die zählt. Jesus hatte sich sehr um die
Hilfsbedürftigen seiner Zeit gekümmert. Er hatte gepredigt und
entsprechend gehandelt. Sein Leben und sein Werk liegen jetzt allen bereitwilligen Menschen zur Betrachtung vor. Jetzt ist der
Glaube gefragt. Die persönliche Begegnung mit Jesus ist etliche
Jahre nach seinem Tod nicht mehr möglich. Die Botschaft vom
Leben muss aber weitergehen.
Am Ende des ersten Jahrhunderts ist für die jungen christlichen
Gemeinden eine neue Entscheidung nötig. Jesus ist nicht mehr
anwesend. Er hat alles getan, wozu er gesandt war. Aber sein Werk
ist noch nicht vollendet. Er will im heutigen Evangelium in seiner Rede an die Menge den Glauben der Menschen an Gott erhalten. Aus diesem Glauben hat er selbst gelebt. In ihm ist er gestorben und deshalb wurde er von seinem Vater erweckt. Wer in
seinem Leben Gott sucht, wird ihn am Leben Jesu Christi erkennen. Er ist wie Brot, aber noch mehr. Brot beseitigt den Hunger,
den viele Menschen fürchten. Jesus ist das Brot für die Vielen geworden. Er führt Menschen im Glauben zusammen und einigt

sie. So wird Jesus Christus zu einer endgültigen Antwort. Durch ihn finden alle zu Gott.

Viele Menschen hungern gegenwärtig und das ist beschämend. Wer gibt ihnen Brot und entsprechende Lebensbedingungen? Der Hunger nach erfülltem und sinnvollem Leben ist auch heute noch eine aktuelle Frage. Ein hoher Lebensstandard allein schenkt kein erfülltes Leben. Der Glaube an Gott bedeutet für den Evangelisten das ganze Glück des Menschen. Über die Dinge des Lebens hinaussehen lernen, dazu fordert uns das Evangelium heute auf.

TAGESGEBET

Gott unser Vater.

Wir erkennen dich an deinem Sohn Jesus Christus. Wir finden dich, wenn wir uns am Leben und Sterben deines Sohnes ausrichten. Wir wissen, dass sein Leben vor allem Hingabe an die Vielen bedeutet.

Lass uns deine Botschaft hören, sie verstehen und danach leben und handeln.

Du bist jetzt unter uns, wenn wir uns in deinem Namen versammeln mit Christus, unserem Herrn.

FÜRBITTEN

Guter Gott, wir vertrauen deiner Zusage, dass du uns in deinem Sohn begegnest, und bitten dich:

– Zeige den Gläubigen den Weg deines Sohnes, der sie zu dir und zucinander führt, damit ihr Leben vor dir gelingt.

– Lass uns erkennen, wie wir ein Leben finden können, das vor dir Bestand hat, wenn wir uns in den Dingen des Lebens zu verlieren drohen.

– Begleite Christinnen und Christen durch aufrichtige Mitmenschen, die immer wieder anfragen, wenn sie sich im Leben selbst genügen wollen.

– Schenke allen Menschen die lebensnotwendigen Dinge und ermutige uns, tatkräftig zu helfen, damit bedürftige Menschen in Würde leben können.

Wir preisen dich, Vater, der du uns begleitest und uns zu dir führst mit Christus unserem Herrn. Amen.

LIEDVORSCHLAG

GL 547 »Das Heil der Welt«

Martin Stöffelmaier

Lebensnotwendig

Dritte Woche der Osterzeit: Freitag

SCHRIFTTEXT

Joh 6,52–59   Mein Fleisch ist wirklich eine Speise und mein Blut
ist wirklich ein Trank

VERKÜNDIGUNG

Streit ist angesagt, heftiger Streit ist ausgebrochen. Für die bibel-
kundigen Zuhörerinnen und Zuhörer Jesu war es höchst anstö-
ßig – dieser ungeheure Anspruch, diese für gläubige Juden pro-
vozierende Zumutung: Wer leben will, der kann nur durch mich
leben. Wer sich vertrauend so auf mich einlässt, dass er mich,
meine Worte und meine Botschaft sich ganz zu Eigen macht, wie
man eine Speise und ein Getränk in sich aufnimmt, der hat alles,
was er zum Leben notwendig braucht.
Streit ist auch unter uns ausgebrochen: Was gehört zur Grund-
versorgung des Menschen, worauf hat jede Bürgerin und jeder Bür-
ger Anspruch? Was sind elementare Grundbedürfnisse, deren
Befriedigung der Staat zu garantieren hat? Was gehört lebensnotwendig zur alltäglichen Vor- und Fürsorge so sehr, dass ich es zu
Recht einfordern und einklagen kann?
Streit ist im Gange zwischen Völkern, Nationen und Kulturen,
wem was gehört, wer welche Ressourcen beanspruchen kann,
wem sie gehören, wer sie mit welchen Mitteln verteidigen oder
erobern kann, weil sie eben lebensnotwendig sind.
Kriege toben rund um den Erdball, weil die einen das nicht haben,
was sie zum Leben und Überleben brauchen, und die anderen alles im Überfluss haben.
Mitten in diese Auseinandersetzungen hinein tritt der Anwalt des
Lebens, der Auferstandene, der das Leben bringt und der das Leben für alle will, mit seinem Schiedsspruch, der die Geister schied
und sie heute scheidet: Leben hat nur, wer das, was er ist und was
er den Menschen sein will, in sich so hineinlässt, dass es für ihn
zur lebensnotwendigen Nahrung für Seele und Leib wird. Sein
Fleisch und sein Blut essen und trinken – das heißt, sich mit den

Lebensmitteln stärken und sie zu Grundnahrungsmitteln für sich machen, aus denen er seine Kraft und sein Leben schöpfte: in Gott verwurzeltes Leben. Leben, das hieß von der ersten Stunde an: Friede den Menschen. Und das hieß angesichts des Todes und mit der Todeserfahrung als Auferstandener: Frieden schenke ich euch. Österliche Gemeinde, die sich zur Kommunionfeier, zum Essen und Trinken seiner Lebensgeschichte versammelt, bleibt dann mit ihm unterwegs, wenn sie dieses eine, was alle zum Leben lebensnotwendig brauchen, weiterschenkt: Friede sei mit dir, Schwester und Bruder, in der Nähe und in der Ferne.

TAGESGEBET

Gott
wir haben Hunger und Durst

Hunger nach Brot und fester Speise
    nach Gerechtigkeit und Anerkennung
    nach einem Wort und einer menschlichen Gebärde

Durst nach Wein und köstlichem Trank
    nach Liebe und Zuwendung
    nach Geborgenheit und einem Zuhause

Gott
    still unseren Hunger
    und unseren Durst

Lass uns in diesem Mahl ein Zeichen sehen
    dass jeder Hunger gestillt
    und jeder Durst gelöscht wird

Darum bitten wir durch Jesus Christus.

(Anton Rotzetter)

FÜRBITTEN

Herr Jesus Christus, in unserem Hunger nach Leben und unserem Durst nach Frieden schenkst du uns, was wir lebensnotwendig brauchen. In diesem Vertrauen kommen wir in den Anliegen unserer Tage:

– Wir kommen zu dir und bringen unsere Angst angesichts von Gewalt und Terror, die Leben vernichten und Unfrieden schaffen.

– Wir kommen zu dir und wissen uns verbunden mit allen, die den Glauben an das Leben und die Hoffnung auf die Zukunft verloren haben.

– Wir kommen zu dir mit den Leiden und den Schmerzen unserer Kranken und aller, die Schweres zu tragen haben.

– Wir kommen zu dir im Gedenken an alle, die im Sterben sind und die uns im Tod vorausgegangen sind.

Herr Jesus Christus, wir stimmen hoffend ein in das große Halleluja, das dich preist als den Herrn des Lebens für die Lebenden und die Toten, für alle, die hungern und dürsten nach dem Leben, das du uns verheißen hast für heute und für alle Tage bis in Ewigkeit. Amen.

LIEDVORSCHLAG

GL 620 »Das Weizenkorn muss sterben«

Wolfgang Tripp

Hart ist dieses Wort

Dritte Woche der Osterzeit: Samstag

SCHRIFTTEXT

Joh 6,60–69   Herr, zu wem sollen wir gehen? Du hast Worte des
ewigen Lebens

VERKÜNDIGUNG

Viele Worte sprechen wir. Die Skala reicht von unbedeutend bis
gewichtig. Sie können sach- oder personenbezogen sein. Worte
verraten unsere Stimmung, geben unsere Überzeugung wieder.
Worte können liebenswert und hart sein. Können verletzen, be-
leidigen, kritisieren und aufrichten. Wir geben uns wortkarg oder
sind gesprächig. Worte sind die Brücke von Mensch zu Mensch.
Von Gott zu Mensch.

Auf vielfache Weise hat Gott zu den Menschen gesprochen. »Zur
Letztzeit dieser Tage« (Fridolin Stier, Hebr 1,1) hat er zu uns ge-
redet durch seinen Sohn. Er ist das Wort. Die Schriften der Bibel
sind Gottes Wort. Nicht im Originalton, sondern in der Sprache
derer, die sie erstmals im Glauben vernommen und als Glaubenszeugnis weitergegeben haben. Weil Gott sich der menschlichen Sprache bedient hat, gleicht seine Rede der unseren. Frohe
Botschaft (Evangelium) in Anrede und Drohung. In Bildersprache
und Gleichnis. In Belehrung und Ermahnung. In Gebot und Ver-
bot. In Weisung und Aufrütteln. In Vergebung und Bitte. In Trost
und Härte. Eindeutige Worte klären. Geben an, wo es lang geht.
Zielen auf ein Entweder-oder. Solche Rede hört sich hart an. Sie
kann unerträglich sein, weil sie keinen Ausweg duldet. Sie kann
für die Hörerinnen und Hörer zur Last werden, weil sie – unerbittlich wiederholt – nichts zurücknimmt. Die so genannte Brot-
rede im Johannesevangelium ist von der Art. Der Schluss ist das
heutige Evangelium. Der Anspruch Jesu, Brot für die Welt zu sein,
wird von den Hörern in der Synagoge zu Kafarnaum nicht ge-
schluckt. Zumal Jesus sich selbst mit dem Brot identifiziert, das
uns bei dieser Eucharistie heute wieder gereicht wird. Im Lauf der
Christentumsgeschichte ist um dieses »Das ist mein Leib« oft ge-

stritten worden – kirchentrennend. Heute suchen wir wieder nach der Gemeinsamkeit und finden sie nicht.

Das Wort Gottes wird hart, seine Rede wird unerbittlich, wenn es um das Selbstverständnis Gottes und um den Anspruch Jesu Christi geht. Dann beharrt der heilige unaussprechliche Gott auf dem i-Tüpfelchen. Dann kann es auf die Frage nach Jesus Christus nur die eine Antwort geben: »Du bist der Heilige Gottes.« Aus vielen Wörtern wird das eine Wort.

Gottes Wort möchte überreden im Sinne von einladen und überzeugen. Aber niemals will es vergewaltigen. Er respektiert auch den Rückzug – auf unser Risiko.

TAGESGEBET

Gott.
Du redest uns an. Du sprichst zu uns durch deinen Sohn Jesus Christus. Er ist dein letztes Wort. Er ist das Brot, von dem wir leben.
Mach uns hellhörig und stille unseren Hunger. Weise uns den Weg durch deinen Sohn, unseren Herrn Jesus Christus.
Er ist mit dir im Heiligen Geist jetzt und in Ewigkeit.

FÜRBITTEN

Gott, dein Wort ist Licht, Weisung und Weg. Wir bitten dich:

– Für alle, die deinem Wort kein Gewicht beimessen: Erinnere, dass dein Wort bewirkt und erreicht, was du willst.

– Für alle, die das Wachsen der Saat deines Wortes stören oder hindern: Erinnere, dass du wachsen und gedeihen lässt.

– Für alle, die dein Wort verkünden, erklären und lehren: Erinnere, dass es nicht Menschenwort, sondern Gotteswort ist.

– Für alle, die sich an deinem Wort stoßen und sich seinem Anspruch verweigern: Erinnere, dass du zu lösen vermagst.

Gott. Dein Wort bleibt und überdauert die Zeit, bis es sich erfüllt in der Ewigkeit. Amen.

LIEDVORSCHLAG

GL 623 »Worauf sollen wir hören«

Heribert Feifel

In Hülle und Fülle

Vierter Sonntag der Osterzeit

ERÖFFNUNG

Wenn uns der Überfluss beeindruckt – wie an einem festlichen Büfett – dann sagen wir, es ist alles in Hülle und Fülle da. Hülle und Fülle meinen zunächst eigentlich nur das Notwendige: Die Hülle meint die Kleidung und die Fülle meint die Nahrung. Hülle und Fülle sind der Schutz, der uns umgibt, und das Nahrhafte, das uns Kraft gibt. Hülle und Fülle sind mehr als das Notwendige. Der Gott, an den wir glauben, ist ein Gott der Fülle, des Überfließenden und der Großzügigkeit. Der Eröffnungsvers der heutigen Liturgie preist diese Fülle Gottes.

> Die Erde ist voll von der Huld des Herrn.
> Durch das Wort des Herrn wurden die Himmel geschaffen.
> Halleluja. (Ps 33,5–6)

Die Erde ist voll von Gott. Aber es braucht das gläubige Herz und die aufmerksamen Augen, die Huld des Herrn zu entdecken. Dem unerschlossenen Herzen bleibt alles leer. Die aufgeschlossene Seele kann in jedem winzigen Detail der Schöpfung Gottes Spur und Gegenwart entdecken und verkosten. Die gläubige Seele verkostet sogar im Kargen den Geschmack an der Fülle des Lebens.

Zum Sonntag – hat die Lyrikerin Ulla Hahn eines ihrer Gedichte überschrieben. Der Sonntag ist ja der erste und wichtigste Tag der Lebensfülle und der Heiligung, den die Christenheit kennt:

> Zum Sonntag
>
> Das Leben ist schön.
> Das ist ein Satz.
> Oh Mann ganz hoch oben
> am Himmel zu lesen.
>
> (Ulla Hahn)

Lasst uns mit Herz und Stimme den österlichen Tag preisen; den Tag, an dem der Tod überwunden wurde und jedes Leben neu beginnen darf.

LIED

GL 222 »Nun freue dich, du Christenheit«

Anton Seeberger

Hirte ist nicht gleich Hirte

Vierte Woche der Osterzeit: Montag

SCHRIFTTEXT

Joh 10,11–18   Der gute Hirt gibt sein Leben hin für die Schafe

VERKÜNDIGUNG

Kaum ein biblisches Bild wurde so missdeutet wie das Bild vom »Guten Hirten«. Ein angemessener Umgang mit diesem Bild ist daher angebracht.

Der Hirte in der Antike ist ein Herrscher mit uneingeschränkter Machtfülle. – Und dann geschieht etwas Unerhörtes: Das kleine Volk Israel geht nach Jahrhunderten der Unterdrückung seinen Weg in die Freiheit. Und auf diesem langen Weg dichtet jemand einen Protestsong gegen die machthungrigen Herrscher: »Der Herr ist mein Hirte!« (Ps 23) – Einzig von Gott sollen die Menschen fortan so sprechen. Und Gott ist ein anderer Hirte, bei dem den Menschen »nichts fehlen wird«.

Dieses neue Verständnis von »Hirte« macht Jesus deutlich: Die Menschen haben unmittelbaren Zugang zu Gott. Zu ihm dürfen sie Vater sagen. Der Umgangsstil ist ein Liebes- und Vertrauensverhältnis.

Herrscher üben Macht aus und organisieren Massen. Gott und Jesus geht es um den Einzelnen, um jeden Einzelnen. Jesus versteht sein Hirtenamt so, dass er uns dorthin begleitet, wo er selbst zu Hause ist: bei Gott, bei den Mitmenschen und so bei sich selbst. Jesu Hirtenstab unterdrückt niemanden, er macht vielmehr deutlich: Wer groß sein will, der darf nicht herrschen, sondern soll dienen. Der gute Hirte Jesus ermutigt uns, dass wir aufatmen und aufrecht gehen – in Würde und Freiheit.

TAGESGEBET

Guter Gott und Vater.
Du willst uns gut. Nichts soll uns fehlen. Unsere Sehnsucht willst du stillen. Wir brauchen uns nicht zu fürchten.

Lass uns mit Freude dem Guten Hirten folgen, der uns vorangeht und ins Leben führt: Jesus Christus, deinem Sohn, der bei uns bleibt und mit dir lebt, heute und in Ewigkeit.

FÜRBITTEN

Guter Gott und Vater. Du bist der gute Hirte. Wir bitten dich:

– Gib uns ein hörendes Herz für die Stimme Jesu, der uns zur Fülle des Lebens führen will.

– Erinnere die Amtsträger in der Kirche daran, die Schwestern und Brüder im Glauben zu stärken und ihnen Freude am Glauben zu vermitteln.

– Führe die zersprengte und zerstrittene Herde der Christenheit wieder zusammen.

Dank sei dir, du guter Hirt und Liebhaber der Menschen, heute und in Ewigkeit. Amen.

LIEDVORSCHLAG

GL 643,1–4 »O Jesu Christe, wahres Licht«

Michael Broch

Keiner ist eine Nummer

Vierte Woche der Osterzeit: Dienstag

SCHRIFTTEXT

Joh 10,22–30   Ich und der Vater sind eins

VERKÜNDIGUNG

Wir Menschen sind vergesslich. Wir müssen uns also immer wieder erinnern lassen, wer wir längst schon sind. Wir leben nach Ostern. Wir leben aus dem, was am ersten Ostern für uns geschehen ist: Jesus ist in der Auferstehung neues Leben geschenkt worden. Er behält es nicht für sich, er schenkt es uns. Um dieses Geschenkes willen sind wir zum Gottesdienst zusammengekommen. Jesus ist also unser guter Hirte, der gute Hirte unserer Gemeinde.

Dieses Bild von Gott, dem guten Hirten, ist ein uraltes Bild von Gott. Unsere Vorfahren im Glauben: Abraham, die Patriarchen, König David waren alle Hirten. Von ihnen, die sich um die ihnen anvertrauten Menschen genauso gesorgt und gekümmert haben wie um ihre Herden, ist es auf Gott übertragen worden. Er ist der eigentliche gute Hirte von uns Menschen. Er will uns in sein neues Leben führen. Diese Führung ist eine ganz persönliche Führung. Er kennt jeden Einzelnen beim Namen.

Kennen heißt: einen Namen haben, unverwechselbar sein, angesprochen werden können, darauf antworten können. Wir spüren wieder: Glaube ist nicht Aufsagen-Können von Glaubenssätzen, Glaube ist Hinein-gerufen-Sein in dieses persönliche Verhältnis zu Jesus. Weil er uns liebt, schenkt er uns auch sein neues Leben. Er will uns in diesem Leben haben. Mit seinem Leben vor Ostern hat er um uns geworben, hat er Zeugnis von Gottes Interesse am Leben von uns Menschen gegeben. Jetzt, nach Ostern, schenkt er uns sein Leben. Dieses Geschenk ist und bleibt unsere tiefe und unser ganzes Leben umgreifende Geborgenheit.

TAGESGEBET

Gott,
du bist in Jesus unser guter Hirte geworden.
Hilf uns, seinen Ruf zu hören.
Er will uns führen, er ist unser Weg.
Lass uns dieses Wort heraushören aus den vielen Stimmen, die
uns ständig umgeben.
Denn sein Wort ist heilende Botschaft für unser Leben.
Lass uns darauf bauen, dass wir bei ihm einen kostbaren Namen
haben, und hilf uns, selbst Antwort auf sein Wort zu sein.
Darum bitten wir durch Jesus Christus.

FÜRBITTEN

Gott, deiner Hirtensorge vertrauen wir uns und unsere Bitten an:

– Zeige dich all denen als der gute Hirte, die für ihr Leben einen
  neuen Weg suchen.

– Sei du Trost für alle, die viel in ihrem Leben verloren haben und
  die das Leben neu suchen müssen.

– Schenke allen deinen Geist, die du in unseren Tagen zu Hirten
  für andere Menschen berufen hast.

– Lass unsere Gemeinde glaubhaftes Zeugnis geben von deiner
  Hirtensorge um die Menschen.

Vater, dir sei Dank, Lobpreis und Ehre, heute und in alle Ewigkeit.
Amen.

LIEDVORSCHLAG

GL 538,5–7 »Du Hirt, von Gott gesandt«

Winfried Häberle

Im Licht sein

Vierte Woche der Osterzeit: Mittwoch

SCHRIFTTEXT

Joh 12,44–50   Ich bin das Licht, das in die Welt gekommen ist

VERKÜNDIGUNG

Wir kennen aus unserer alltäglichen Erfahrung, was es heißt, im Dunkeln zu tappen oder hinters Licht geführt zu werden. Wir wissen um die innere und äußerliche Wirkung von Dunkelheiten in unserem Leben. Wir kennen die Angst der Kinder vor dem dunklen Keller; auch als Erwachsene steckt sie manchen noch in den Knochen.

Dunkel macht Angst und Angst macht klein. Angst würgt den freien Atem, sie lähmt und bedrückt, sie lässt Menschen in unvorstellbare Löcher und seelische Tiefs fallen. Vielleicht haben Sie schon einmal von jemandem aus Ihrem Freundes- oder Bekanntenkreis gehört, was es bedeuten kann, an Depressionen zu leiden. Wie da die Lebensfreude, die Lebenskraft und der Lebenswille eines Menschen schwinden und plötzlich nur noch die gähnende und dunkle Leere da ist. In solchen Situationen weiß ein Mensch nicht mehr, wofür er überhaupt noch leben soll.

Johannes ist bekannt für seine Vorliebe der begrifflichen und bildhaften Gegensätze wie Licht und Finsternis, Freundschaft und Knechtschaft, Leben und Tod.

Die Wahrheit und die Erfahrung dieser Worte können wir auf vielfältige Weise bestätigen.

Dem Wort Ich-bin-das-Licht trauen bedeutet, es einzuüben in die alltäglichen Zwielichtigkeiten, das Halbdunkel, das Undurchsichtige meines Lebens. Oft erleben wir Licht und Finsternis nicht als Reinkultur, sondern eher als gemischte Situationen.

Mir das Wort Ich-bin-das-Licht sagen zu lassen bedeutet, ihm mehr Vertrauen zu schenken als den anderen Botschaften und Herrschaften, die sich in meinem Leben breit machen und mich beeinflussen oder auch bedrängen.

91

Aus der Zusage und Wirkmächtigkeit des Lichtes, das Jesus selbst ist, zu leben bedeutet, mich davon stärken, aufrichten, ermutigen zu lassen gegen alle entmutigenden, erniedrigenden und zerstörerischen Absagen und Abwertungen in mir oder um mich herum.

Der Anziehungs- und Ausstrahlungskraft dieses Lichtwortes nachzugehen und zu folgen bedeutet, es in meine persönliche Lebenssituation und in meine Lebenszeit hineinzubuchstabieren, manchmal nur innerlich, flüsternd oder halblaut.

Mich in dieses Wort und darin in die Gegenwart Jesu in meinem Leben hineinzuhören, einzuüben, um seine Auswirkungen zu bemerken und mich daran zu freuen, bedeutet, österliche Lebensqualität und österlichen Lebensstil zu praktizieren.

Ich wünsche Ihnen damit gute Erfahrungen, viel Erfolg und gutes Vorankommen.

TAGESGEBET

Am Anfang hast du, o Gott, gesprochen, es werde Licht, und so geschah es. Jeden Tag lässt du dein Licht neu aufgehen über und in uns Menschen. Wir hören, wie auch Jesus, dein Sohn, uns sagt, dass er das Licht dieser Welt und unseres Lebens ist. Er ist gekommen, um uns zu retten, zu erleuchten und zu befreien aus den Machenschaften und Knechtungen dunkler Mächte. Darüber können wir uns freuen. Dafür wollen wir danken.

Wir sind hier, um unser Leben neu auszurichten an seinem Wort, das uns aufrichtet. Lass es uns so tief einleuchten, dass es uns bis auf den Grund unseres Lebens durchdringt. Lass es uns so hören, dass es unser ganzes Leben trägt und prägt. Dann werden wir dadurch selbst zum Licht für die Welt. So können wir die Wahrheit und Klarheit deiner Botschaft glaubwürdig in unserer Zeit bezeugen.

Darum bitten wir durch Christus, unseren Herrn.

FÜRBITTEN

Du Gott des Lichtes, bei dir ist die Quelle des Lebens. In deinem Licht erkennen wir das Leben und finden die Wahrheit. Doch du kennst auch die dunklen Seiten und die zwielichtigen Erfahrungen unseres Lebens. Darum bitten wir:

– Um dein wahres Wort für alle, die nicht mehr wissen, woran sie noch glauben können.

– Um dein wahres Licht für alle, die in dunkler Angst vor der Zukunft, vor Alter, Gebrechen und Krankheit leben.

– Um deine aufbauende Kraft für alle, die müde geworden und an die Grenzen ihrer Belastbarkeit gekommen sind.

– Um deine erleuchtende Klarheit für alle, die vor wichtigen Entscheidungen in ihrem Leben stehen.

Dein menschenfreundliches Wort, o Gott, hast du uns in Jesus unüberbietbar zugesprochen. Du hast uns durch ihn mit deinem göttlichen Licht beseelt und erfüllt. So lass uns auch leben als Kinder des Lichtes, dir zur Ehre und den Menschen zum Heil. Darum bitten wir durch Christus unseren Herrn. Amen.

LIEDVORSCHLAG

GL 557 »O höchstes Licht, du ewger Schein«

Paul Weismantel

Am eigenen Leben teilnehmen lassen

Vierte Woche der Osterzeit: Donnerstag

SCHRIFTTEXT

Joh 13,16–20   Wer einen aufnimmt, den ich sende, nimmt mich auf

VERKÜNDIGUNG

Wie ist das mit dem Musizieren? Da spielt ein Kind ein Lied auf seiner Flöte, da ist das Konzert einer Geigenvirtuosin, da spielt ein ausgezeichnetes Orchester. Alle musizieren auf ihre verschiedene Weise mit ihren unterschiedlichen Möglichkeiten. Im Musizieren ist kein Unterschied, in der Art und Weise jedoch ist ein Unterschied. Ich halte das für wichtig, wenn wir uns auf das uns geschenkte neue, österliche Leben Jesu, des Auferstandenen, einlassen. Denn auch in der Art, wie wir dieses neue Leben dann führen, gibt es Unterschiede, weil wir verschiedene Begabungen haben, weil der eine in dieses Leben tiefer eindringt als ein anderer, weil die eine unter günstigeren Bedingungen lebt als die andere. Es kommt allein auf das sich Schenken-Lassen an und auf das Mühen, dieses Geschenk für das eigene Leben fruchtbar werden zu lassen.

Im Evangelium ist die Rede von einem, der dieses Geschenk annahm, aber immer wieder in die Krise geriet, von Petrus. Petrus hat sich immer wieder in seinem überschwänglichen Idealismus zu diesem Leben mit Jesus entschieden, er ist immer wieder auf die Nase gefallen und fast gescheitert. Immer wieder hat er sich die Versöhnung schenken lassen müssen. Durch das Geschenk der Vergebung ist er neu und tiefer in das neue Leben hineingewachsen.

Jetzt sind wir die, die Jesu Sendung für die Menschen weiterleben sollen. Wir werden das nur können, wenn wir uns zuerst selber dieses neue Leben schenken lassen, wenn wir uns immer wieder neu auch die Vergebung schenken lassen. Es geht bei unserer Sendung darum, Gottes Einladung an die Menschen für andere erlebbar zu machen. Damit ist einer erst am Anfang, ein anderer kann es schon besser, der eine hat dafür diese Begabung und die andere eben eine andere. Und es geht nicht um den Erfolg, es geht darum, die Menschen Gottes Interesse, seine Aufmerksamkeit und Zuwendung spüren zu lassen.

TAGESGEBET

Gott, du bist der Gastgeber und lädst uns ein, an deinem Leben Anteil zu nehmen. Wir danken dir, dass wir diese Einladung hören konnten.
Erfülle uns immer mehr mit deinem Leben. Hilf uns, unser Leben zu gestalten, damit wir deine Einladung für andere erlebbar machen. Stärke unser Interesse an anderen Menschen und mach uns Mut, unser Leben mit ihnen zu teilen.
Darum bitten wir durch Jesus Christus.

FÜRBITTEN

Herr Jesus Christus, dich bitten wir in diesen österlichen Tagen:

— Lass deine Kirche nicht vergessen, dass du sie in deinen Dienst an den Menschen berufen hast.

— Gib den Verantwortlichen der Kirche ein wachsames Auge und ein weites Herz für das, was Menschen heute von deiner Botschaft brauchen.

— Gib unserer Gemeinde Geduld, damit wir einander den Raum geben für die unterschiedlichen Fähigkeiten und Talente.

— Lass die, die niedergedrückt sind, dein neues Leben spüren, damit sie wieder Hoffnung schöpfen können.

Durch dich sei dem Vater Dank, Lobpreis und Ehre heute und in alle Ewigkeit. Amen.

LIEDVORSCHLAG

GL 637 »Lasst uns loben, freudig loben«

Winfried Häberle

95

Die Chance des Zweifels

Vierte Woche der Osterzeit: Freitag

SCHRIFTTEXT

Joh 14,1–6   Ich bin der Weg und die Wahrheit und das Leben

VERKÜNDIGUNG

Im Neuen Testament begegnet uns der sprichwörtliche »ungläubige Thomas« als der Apostel, der ganz auf unserer Seite steht (Joh 20,24–29). Dieser Freund Jesu hat erhebliche Glaubenszweifel. Bei ihm sind wir in guter Gesellschaft. Denn Glaubenszweifel, das kennen viele zur Genüge. Wie der Apostel Thomas sind auch wir auf das Zeugnis derer angewiesen, die nach dem Tod Jesu berichten konnten: »Wir haben den Herrn gesehen«, er ist auferstanden, er lebt. Die Zweifel des Thomas, sein Nachbohren veranschaulichen das, was viele auch heute bewegt: Er möchte Gewissheit, dass Jesus wirklich auferstanden ist.

Im Evangelium heute spricht Jesus von seinem Abschied aus dieser Welt und von den Seinen. Es ist wiederum der Apostel Thomas, der kritisch nachfragt: »Herr, wir wissen nicht, wohin du gehst. Wie sollen wir dann den Weg kennen?« Damit provoziert er diese Antwort Jesu: »Ich bin der Weg und die Wahrheit und das Leben.«

Jesus begegnet dem Zweifler und Kritiker Thomas sogar mit einer Seligpreisung: »Selig sind, die nicht sehen und doch glauben« (Joh 20,29). – Das sagt Jesus auch zu uns. Ich höre das gerne. Die Begegnungen des Thomas mit seinem Herrn zeigen: Die Bibel anerkennt den Zweifel als eine Möglichkeit, Gott zu erfahren. Vielleicht ist der Zweifel eine sehr tiefe Form, den Glauben ernst zu nehmen.

Ein Glaube, der mich in eine tiefe Gottverbundenheit hineinführen möchte.

Ein Glaube, der mein Leben erneuern will, hin zu mehr Freiheit und Liebe und zu mehr Nachdenklichkeit.

TAGESGEBET

Gott.
Du bist gewaltig, wir fassen dich nicht.
Du bist verborgen, wir finden dich nicht.
Du bist unbegreiflich, wir verstehen dich nicht.
Wir fragen, wir zweifeln und bitten dich:
Zeig du uns den Weg, die Wahrheit und das Leben:
Jesus Christus, deinen Sohn, unseren Herrn und Gott,
der in der Einheit des Geistes mit dir lebt und wirkt von Ewigkeit
zu Ewigkeit.

FÜRBITTEN

Guter Gott und Vater. Deine Wege sind nicht unsere Wege und
deine Gedanken sind nicht unsere Gedanken. Wir bitten dich:

– Richte die Menschen auf, wenn Lebensangst und Glaubenszweifel über sie kommen.

– Ermutige die Menschen zum Leben, wenn der Lebenssinn und
  die Zukunftshoffnung ihnen abhanden kommen.

– Ermahne die Menschen zur Toleranz, wenn sie Gefahr laufen,
  anderen ihre Meinung aufzudrängen.

Herr, du bist Weg, Wahrheit und Leben. Dich preisen wir heute
und in Ewigkeit. Amen.

LIEDVORSCHLAG

GL 617,1–5 »Nahe wollt der Herr uns sein«

Michael Broch

Der entscheidende Weg zu Gott

Vierte Woche der Osterzeit: Samstag

SCHRIFTTEXT

Joh 14,7–14   Wer mich gesehen hat, hat den Vater gesehen

VERKÜNDIGUNG

Wie kein anderer Evangelist spricht Johannes von der innigen
Verbindung zwischen Jesus und dem Gott, den er als Vater be-
zeichnet. Er unterdrückt damit nicht die feminine Seite Gottes.
Das Sohn-Vater-Verhältnis ist nicht eine Frage des Geschlechtes;
es will vielmehr ausdrücken, wie innig die Beziehung zwischen
Jesus und Gott ist.

Wie die Jünger mit Jesus gingen, so lädt nun der Auferstandene
uns heute ein, seinen Weg mitzugehen. Dieser Weg hat ein klares
Ziel: die ewige Vereinigung mit Gott. Der Auferstandene bereitet
uns deshalb die künftige Wohnung und ruft uns auf seinen Weg.
Dabei dürfen wir gewiss sein, dass Christus uns eintreten lässt in
die göttliche Familie von Vater-Sohn-Geist. Wir sind dann nicht
mehr außen vor, sondern mitten drin. Der Weg dorthin ist er
selbst. Man braucht keinen Weg des Gesetzes, das erfüllt sein
muss, und keinen Weg einer besonderen Spiritualität. »Jesus ist
der mystische Weg, der uns zum Licht und zum Verstehen führt,
zur Weisheit, zum wachsenden Bewusstsein und zu unserer urei-
gensten Bestimmung« (Grün, Jesus 114).

In Jesus erkennen wir Gott selbst, den unbegreiflichen und unfassbaren. Jesus verweist auf Gott und Gott verweist auf Jesus.
Das ist die offenbar gewordene Wahrheit: keine »richtigen« Sätze,
sondern das lebendig pulsierende Leben Gottes selbst. Wer aus
dieser Wahrheit lebt, ist in innigem Kontakt mit der Wirklichkeit
der Welt und seines eigenen Lebens. Diese Wahrheit befreit uns
zu uns selbst und führt uns aus aller Lüge, aller Verstellung heraus. Wir dürfen so sein, wie wir sind – als Gottes Geliebte. Als solche werden wir Dinge vollbringen, die wir uns selber nicht zuge-
traut hätten. Das Vertrauen in Jesus »schenkt die innere Ruhe
und die Festigkeit eines Herzens, das von Gott weiß und sich in

Gott gründet« (Grün, Jesus 112). Denn »je mehr ich auf Christus schaue, desto mehr komme ich in Berührung mit meinem eigenen Wesen« (Grün, Wenn ich 153). Ich spüre, »dass ich einfach vor ihm sein darf, ohne dass ich etwas müsste oder sollte. Ich darf einfach sein … Es genügt, vor ihm zu sein, absichtslos wie in einer Freundschaft« (ebd. 153f).

TAGESGEBET

Gott,
viele Wege tun sich vor uns auf und manchmal fragen wir: Welcher ist der richtige? Im Durcheinander der Angebote und Verheißungen wissen wir: Du hast uns in Jesus *den* Weg gezeigt. Er ist der Weg, der uns zum Leben führt, zum erfüllten Leben, das unsere Sehnsucht auffängt.
Gib uns Kraft, die Freundschaft mit Jesus so zu stärken, dass sie für uns der innerste Lebensquell wird.
Darum bitten wir durch ihn, Christus, unseren Herrn.

FÜRBITTEN

Wir beten mit Philippus: Zeig uns den Vater! Und so rufen wir voll Vertrauen zu Gott:

– Lass alle Glieder der Kirche in Christus deine Nähe erfahren.

– Führe uns auf den Weg, der unserem Leben Erfüllung gibt.

– Begleite die Menschen in den dunklen Stunden, dass sie zum Licht kommen.

– Sei du mit den Kranken und mit allen, die wir in Not wissen.

– Beten wir in der Stille persönlich …

Denn er, Jesus, unser Bruder und Freund, ist der Weg, die Wahrheit und das Leben. Durch ihn preisen wir dich, Gott, jetzt und in Ewigkeit. Amen.

LIEDVORSCHLAG

GL 220 »Das ist der Tag, den Gott gemacht«

Wolfgang Gramer

Literatur: Anselm Grün, Wenn ich in Gott hineinhorche, Mainz 2000. Anselm Grün, Jesus – Tür zum Leben, Stuttgart 2002.

Enthüllt vor den Augen der Völker

Fünfter Sonntag der Osterzeit

ERÖFFNUNG

Manchmal können wir leben, ohne viel zu fragen und ohne viel über den Sinn nachzudenken. Das Leben zieht uns mit und wir leben es eben so, wie es uns fordert, und so, wie es uns beschenkt. Es ist eine Gnade, das Leben so nehmen zu können, wie es ist. Ein glückliches Leben ist leicht anzunehmen. Aber ein einziger harter Schlag reißt uns heraus aus der Selbstverständlichkeit. Plötzlich stoßen wir an das undurchdringliche Geheimnis der Welt, an das Rätsel des eigenen Schicksals, an das Geheimnis der Menschen, die uns nahe sind. Die Grundlinien unseres Daseins sind verschlüsselt. Der Sinn verborgen. Die Gnade, leben zu dürfen, ist verdeckt.

Wer kann das Kreuz verstehen, überhaupt das Schicksal Jesu? Ostern hat uns den Sinn des Kreuzes erschlossen, aber es bleibt dennoch ein dunkles Geheimnis. Ostern ist der Anfang davon, dass die verdeckten Gründe und Abgründe sichtbar werden. In der Auferstehung Jesu hat Gott den Abgrund des Todes enthüllt, wir können in den Abgrund hineinsehen. Wir können ihn durchschreiten. Einmal wird alles offengelegt, wie es im Eröffnungswort der heutigen Liturgie heißt:

Singt dem Herrn ein neues Lied,
denn er hat wunderbare Taten vollbracht
und sein gerechtes Wirken enthüllt vor den Augen der Völker.
Halleluja. (Ps 98,1–2)

Der Schweizer Pfarrer und Dichter Kurt Marti hat das neue Lied in ein kurzes, wunderbares Gedicht gefasst:

Harfenzauber

auf diessaiten
spielen
die finger
wie aus
jensaiten
silberts

Lassen wir uns das Psalmwort gesagt sein. Singen wir das neue Lied der ganzen Schöpfung mit.

LIED

GL 268,1–8 »Singt dem Herrn ein neues Lied«

Anton Seeberger

Christsein aus innerem Antrieb

Fünfte Woche der Osterzeit: Montag

SCHRIFTTEXT

Joh 14,21–26   Der Beistand, den der Vater senden wird, wird euch alles lehren

VERKÜNDIGUNG

Gesetzt den Fall, unsere elementaren Bedürfnisse wie Essen, Trinken und ein Dach über dem Kopf sind befriedigt – was wäre daran anschließend das schützenswerteste Gut unserer Zivilisation? Für mich ist dies die Freiheit. Bei aller Gebundenheit im individuellen und gesellschaftlichen Leben ist sie die Bedingung für ein Leben in Würde. Mit Freiheit verbinde ich die Möglichkeit, selbstbestimmt, aus eigenem Antrieb denken, reden und handeln zu können. So verstandene Freiheit ist eine neuzeitliche Errungenschaft und keineswegs selbstverständlich. Ist heute das Stichwort »Selbstverwirklichung« in aller Munde, so war es in früheren Generationen der Begriff der Unterordnung, des Gehorsams gegenüber vorgesetzten Autoritäten. Angeführt wurde die Reihe der Vorgesetzten von Gott selbst. Er galt als souveräner Herrscher, der Ge- und Verbote erlässt, der die Einhaltung kontrolliert und je nachdem belohnt oder bestraft.

Das Evangelium von heute ist nur in freiheitlichem Kontext denkbar. »Wer meine Gebote hat und sie hält, liebt mich ...«, oder anders gesagt: Wer mich liebt, der hält meine Gebote. Nicht, weil irgendeine außenstehende Autorität dies gebietet, sondern weil es ein inneres Bedürfnis ist, dem auf der Spur zu bleiben, den ich liebe. Liebe kann nicht von außen verordnet werden, das weiß jede und jeder. Sie erwächst aus Erfahrung. Wenn ich in der Begegnung mit Jesus erfahre, wie gut mir seine Nähe tut, wie viel Bewegung, Lebenslust und schöpferische Fantasie er in mir weckt, dann ist meine Zuneigung eine ganz natürliche Reaktion. Dann höre ich auf seine Stimme und antworte, indem ich mein Leben so lebe, wie es mir in meinem Innersten entspricht. Genau so verstehe ich die Beziehung, die Jesus selbst zu Gott hat.

Ganz ich selber sein und doch auf der Spur Christi – das heißt aber, dass Christus ein Teil von mir ist. Die Zusage liefert das Evangelium, in dem es heißt, Jesus werde mit seinem Vater bei den Menschen wohnen, die durch sein Wort so »gepackt« sind, dass sie gar nicht anders können, als sich danach auszurichten. Was das heißen kann, habe ich erfahren durch einen jugendlichen Gruppenleiter. In einer Nacht- und Nebelaktion habe er große Teile des Alten und das komplette Neue Testament durchgelesen. Es habe ihn die ganze Zeit das Gefühl begleitet, endlich einen Schlüssel für sein Leben gefunden zu haben. Sein Leben wurde aufgeschlossen für Gott.

Ob ich mich und mein Leben für Gott verschließe oder ob ich ihm Platz darin einräume, das ist meine Entscheidung. Aber wenn ich mich öffne, wenn ich es zulasse, dass mein Herz auf die überlieferten Worte hört, dann kann ich dadurch in mir selbst entdecken, was meinem Leben eigentlich zugrunde liegt.

Das Evangelium spricht vom Heiligen Geist als »Beistand«. Er hält die Erinnerung wach an Jesu Leben und Sterben, an seine versöhnenden Gesten, seine Fähigkeit zu heilen, seinen Widerstand gegenüber lebensfeindlichen Gesetzen und Gepflogenheiten. Er kann mich immer wieder auf die Spur Jesu bringen, vorausgesetzt ich lasse das zu. Die Sehnsucht eines Menschen sucht manchmal andere, vielleicht auch lebensfeindliche Wege. Das dürfte schon jede und jeder von uns erfahren haben. Für mich bleibt dennoch die Zuversicht, dass er sich nicht verschließt, wenn ich ihn bitte, mein Leben zu bewohnen.

TAGESGEBET

Treuer Gott,
du bist die Liebe. Du suchst uns auf und klopfst an der Tür unseres Herzens.
Lass uns in dieser Feier erkennen, dass du der Grund und der Halt unseres Lebens bist.
Darum bitten wir durch deinen Sohn Jesus Christus.

FÜRBITTEN

Dein Geist, Gott, ist unser Beistand. Im Vertrauen auf ihn bitten wir:

– Lehre alle, die in der Nachfolge Jesu gehen, mit den Augen des Herzens zu sehen.

– Lass das Wollen jeder und jedes Einzelnen deiner Gemeinde deinem Willen entgegenwachsen.

– Erlöse alle, die von inneren oder äußeren Zwängen gebunden sind, dass sie frei werden, deiner Spur zu folgen.

– Schließe die jungen Menschen auf für das Evangelium und lass sie darin einen Schlüssel für ihr Leben finden.

Du bist uns Halt und Stütze. Du hältst an uns fest. Dir trauen wir jetzt und in Ewigkeit. Amen.

LIEDVORSCHLAG

GL 298 »Herr, unser Herr, wie bist du zugegen«

Suse Mandl

Der Schlüssel zum Frieden

Fünfte Woche der Osterzeit: Dienstag

SCHRIFTTEXT

Joh 14,27–31a   Meinen Frieden gebe ich euch

VERKÜNDIGUNG

In der Garage vor dem Pfarrhaus steht mein Auto. Ich sehe es da stehen und kann mich daran erfreuen. Sinnvoll für mich wird es allerdings erst, wenn ich hineinsteigen kann und mit dem Auto an ein bestimmtes Ziel fahre. Vorausgesetzt das Auto ist funktionstüchtig brauche ich dafür lediglich den Autoschlüssel. Mit dem kann ich das Auto öffnen und starten. Das als Hintergrund. Wir hören nachher im Evangelium einen Satz, der uns in jeder Eucharistiefeier begegnet: »Frieden hinterlasse ich euch, meinen Frieden gebe ich euch.« Ein schöner Satz mit viel Inhalt. Und wenn Jesus von seinem Frieden spricht, dann meint er damit den Frieden, den seine Person schenken kann. Aber so wie das Auto in der Garage schön anzuschauen, aber ohne Schlüssel nicht zu gebrauchen ist, so braucht es auch für diesen Frieden eine Art Schlüssel. Einen Schlüssel, der ihn zum Leben erweckt, weg vom schönen Wort hin zur erlebten Wirklichkeit.

Und dieser Schlüssel ist in einem Satz verborgen, der uns nachher ebenfalls begegnet: »Wenn ihr mich lieb hättet, würdet ihr euch freuen, dass ich zum Vater gehe; denn der Vater ist größer als ich.« Ein überraschender Satz. Wenn ich jemanden lieb habe, dann freue ich mich nicht, wenn derjenige geht, im Gegenteil, es tut mir weh. Denn derjenige wird mir fehlen. Es sei denn, ich blicke den Geliebten nicht an, sondern blicke mit ihm in dieselbe Richtung, auf das Fernziel. Und es sei denn, meine Liebe verleitet mich dazu, die Welt mit den Augen des Geliebten zu sehen.

Das ist der Schlüssel, der den Frieden lebendig werden lässt. Denn das ist die Lebensdynamik Jesu, die sich durch all sein Tun und Reden bis hin zur Hingabe am Kreuz zieht.

Ein Beispiel zum Schluss: In meiner Schulklasse wird Frieden lebendig, wenn die Streithähne nicht nur voneinander ablassen.

Erst wenn es gelingt, dass der eine den Konflikt aus der Sicht des anderen beschreibt und ihn so mit den Augen des anderen zu sehen beginnt, dann brechen Fronten auf, dann geschieht Frieden, Jesu Friede im umfassenden Sinn.

TAGESGEBET

Unbegreiflicher Gott.
Deinem Willen vertrauend ist Jesus den Weg der Hingabe bis zum Kreuz gegangen.
Gib uns den Mut, ihm auf dem Weg der Hingabe zu folgen, damit wir Frieden finden.
Darum bitten wir durch ihn, Jesus Christus.

FÜRBITTEN

Gott will uns in seinem Sohn den Frieden schenken, den die Welt nicht geben kann. Darum bitten wir ihn:

– Um den Frieden in den Familien, wo Gewohnheit und Enttäuschung die Menschen einander entfremdet haben.

– Um den Frieden zwischen den Menschen in unserem Land, wo Misstrauen und Vorurteil voneinander trennen.

– Um den Frieden mit uns selbst, wo wir uns nicht ansehen können.

– Um den Frieden mit dir, wo wir deinem Ruf nicht folgen wollen.

Durch die Hingabe deines Sohnes hast du uns den Weg zu dir geöffnet. Lass uns dieses Geheimnis des Friedens immer tiefer erfassen. Darum bitten wir durch Christus, unseren Herrn. Amen.

LIEDVORSCHLAG

GL 624 »Auf dein Wort, Herr, lass uns vertrauen«

Michael Becker

Frucht bringen

Fünfte Woche der Osterzeit: Mittwoch

SCHRIFTTEXT

Joh 15,1–8   Wer in mir bleibt und in wem ich bleibe, der bringt
reiche Frucht

VERKÜNDIGUNG

An einem nachvollziehbaren, natürlichen Vorgang wird uns ver-
ständlich gemacht, wer Jesus für uns ist und was er für uns bedeutet: »Ich bin der Weinstock, ihr seid die Rebzweige.« Dieser
Satz findet sich im heutigen Evangelium. Von uns, den Rebzwei-
gen an diesem Weinstock, wird gesagt, man erwarte zu Recht von
ihnen, dass sie Frucht bringen. Die Frucht, die sie bringen, mache
ihren Wert aus. Um Frucht bringen zu können, müssen die Rebzweige in lebendiger Verbindung mit dem Weinstock bleiben.
Hier geht es um die Bedeutung Jesu für das Leben einer Gemeinde, die auf seinen Namen verpflichtet ist. Es geht um die Gemeinschaft der Jünger mit Jesus Christus, der nicht nur das Leben
hat, sondern selbst das Leben ist. Diese Gemeinschaft mit Jesus
Christus wird nicht beschrieben als etwas, das man hat, wie man
einen Reisepass hat oder einen Mietvertrag oder einen Führer-
schein. Die Verbundenheit mit Jesus Christus wird beschrieben
als ein lebendiger Vorgang.
Die Gemeinde des Johannesevangeliums ist überzeugt, dass die
Jünger zu Jesus gehören und dass er seinen Freunden die Gemeinschaft mit ihm ermöglicht. Ähnliches gilt für alle, die quer
durch die Jahrhunderte zu seinem Volk, der Gemeinschaft des
Glaubens, zusammengewachsen sind. Diese lebendige Verbundenheit mit ihm wird erfahrbar dort, wo wir auf das Wort unseres
Herrn hören; wo wir in seinem Namen beisammen sind; wo wir
das Mahl zu seinem Gedächtnis feiern; wo wir seinen Weisungen
entsprechend unser Leben planen; wo wir in seinem Namen auf
die Leute um uns mit Rücksicht, Verständnis und Hilfsbereit-
schaft eingehen.

Die Leben spendende Gemeinschaft mit Jesus Christus, dem Weinstock, wurde den meisten unter uns zu einem Zeitpunkt anvertraut, an dem sie selbst davon noch nichts verstehen konnten – in der Taufe. Ohne unser Zutun also sind wir in diese Gemeinschaft mit ihm hineingeraten, hineingenommen, hineingewachsen. Jetzt geht es darum, dass wir mehr tun, als nur passiv hinzunehmen, was uns ermöglicht wurde. Deswegen sagt das Evangelium: »Bleibet in mir.« Diese Aufforderung mag zunächst klingen wie eine Anweisung, etwas Empfangenes festzuhalten, in Treue zu einer Verpflichtung zu stehen, die man nun einmal übernommen hat. Wenn wir uns jedoch langsam in dieses Bild vom lebendigen, Frucht bringenden Weinstock hineinfinden und hineinspüren, entdecken wir auch einen anderen Akzent: Alles Lebendige muss gepflegt und geschützt werden, sonst verkümmert es. Unsere eigene Erfahrung gibt uns dafür genug Anschauungsmaterial. Ein neugeborenes Kind kann sich ohne Pflege und Schutz nicht gesund entfalten. Freundschaft unter Gleichgesinnten stirbt, wenn sie nicht gepflegt wird, wenn kein Gedankenaustausch mehr stattfindet, wenn keine ermutigenden oder korrigierenden Worte mehr gewechselt werden. Wer sich beklagt, dass sein ungetrübter Kinderglaube abhanden gekommen sei, muss sich auch fragen lassen, was er dazu getan hat, dass dieses kostbare Geschenk zur Entfaltung und zur Geltung kommt und nicht verkümmert, sondern reift und Frucht bringt.

Die Rebe soll Frucht bringen. Ohne Frucht verliert sie ihren Sinn. Was aber kann mit Frucht gemeint sein? Ist damit etwa die sichtbare Leistung gemeint? – Dann wären ja alle gut dran, die auf der Höhe ihrer Schaffenskraft sichtbare Erfolge und Leistungen zustande bringen. Oder sind mit Frucht die guten Werke gemeint? – Das schon eher, wenn wir sie nicht als »Leistung des Menschen« missverstehen, so als ob aufgrund eines bestimmten Leistungsnachweises ein einklagbarer Anspruch auf Lohn begründet werden könne. Oder ist mit Frucht das vielbesprochene Christentum der Tat gemeint? Ja schon, aber nur, wenn es aus der lebendigen Verbundenheit mit Jesus Christus gespeist wird und sich an den Maßstäben, die mit der Predigt Jesu gesetzt sind, korrigieren lässt. Am ehesten bedeutet Frucht bringen die sichtbare, ablesbare Folge der lebendigen Gemeinschaft mit Jesus Christus, die er durch seinen Lebenseinsatz für uns ermöglicht hat. Und diese ablesbare Folge kann bei jedem anders aussehen.

TAGESGEBET

Unser Herr Jesus Christus hat seinen Jüngern versprochen: Wer in mir bleibt und in wem ich bleibe, der bringt reiche Frucht.
Darum bitten wir:
Du, unser Leben spendender Gott, hast diesen Zuspruch auf vielfältige und wunderbare Weise wahr gemacht – in Glanzzeiten und in Engpässen, auf hellen Gipfeln und in finsteren Tälern.
Hilf uns, dass wir wahrnehmen können: Du bist auf unserer Seite.
Lass uns dauerhaft Frucht bringen als Rebzweige am Weinstock Jesus Christus, der uns mitnimmt in die Gemeinschaft mit dir und dem Geist, in die Vollendung von Ewigkeit zu Ewigkeit.

FÜRBITTEN

Herr, Jesus Christus, du hast verheißen: »Wenn ihr in mir bleibt und wenn meine Worte in euch bleiben, dann bittet um alles, was ihr wollt: Ihr werdet es erhalten« (Joh 15,7). Dich bitten wir:

- Für alle Christen: dass sie das Wort Gottes hören und verstehen und damit auch den Mut finden, sich darauf zu verlassen. (Christus, Herr, höre und erhöre unser Gebet.)

- Für alle, deren Verbundenheit mit Jesus Christus verkümmert ist: dass sie durch das Entgegenkommen Gottes wieder lernen zu glauben und zu hoffen.

- Für alle Alleinstehenden und Kranken, Trostlosen und Verzweifelten: dass sie Zeichen des Friedens entdecken, um mit Zuversicht leben zu können.

- Für alle, die sich regelmäßig zum Gottesdienst versammeln: dass sie aus der lebendigen Verbundenheit mit Jesus fruchtbar denken, reden und handeln lernen.

So bitten wir, denn du hast uns versprochen, dass du unser Gebet hören und erhören willst. Du lebst mit dem Vater und dem Heiligen Geist jetzt und immer. Amen.

LIEDVORSCHLAG

GL 622 »Hilf, Herr meines Lebens«

Anton Bauer

Bleiben und gehen

Fünfte Woche der Osterzeit: Donnerstag

SCHRIFTTEXT

Joh 15,9–11   Bleibt in meiner Liebe, damit eure Freude vollkommen wird

VERKÜNDIGUNG

Es gibt keinen Stillstand. Das Rad der Zeit dreht sich ohne Unterbrechung. Wir müssen mit der Zeit gehen. Wer nicht mitgeht, kommt unter die Räder, unter das Rad der Zeit und bleibt buchstäblich auf der Strecke, bleibt zurück. Das möchte niemand. Und doch, wie gerne möchten wir auch einmal bleiben dürfen, ohne gleich zurückzubleiben. »Ich möchte ja so gerne noch bleiben, aber der Wagen, der rollt ...«, heißt es in einem volkstümlichen Lied. In unserem Wunsch, noch bleiben zu dürfen, zeigt sich eine tiefe Sehnsucht nach Dauer und Ruhe, nach Geborgenheit und Stimmigkeit. Dieser Sehnsucht verleiht der heutige Abschnitt aus dem Johannes-Evangelium einen Ausdruck: Bleibt! Bleibt in meiner Liebe!

Ja, das können wohl fast alle verstehen: Ich möchte bleiben können, ohne zurückbleiben zu müssen. Ich möchte ruhen dürfen, ohne mich dafür rechtfertigen zu müssen. Ich möchte geborgen sein in der Liebe eines anderen.

Unserer Sehnsucht entspricht die Verheißung des Evangeliums: Wir können in seiner Liebe bleiben. Der österliche Herr geht uns zwar stets voran, er läuft uns aber nicht davon; der auferstandene Christus hält uns zwar auf Trab, er hetzt uns aber nicht, sondern zieht uns mit. Wir bleiben in seiner Liebe, wenn wir mit ihm gehen. Wir bleiben in seiner Liebe, wenn wir es machen wie die drei Weisen aus dem Osten und ständig hinter seinem Stern hergehen, in seinem Lichtkegel mitwandern durch alle Geschehnisse, durch alle Konflikte und Veränderungen hindurch.

Bleiben und Gehen – das sind nicht mehr nur Gegensätze. Wer an der Seite Jesu Christi bleibt und sich in seiner Liebe birgt, der bleibt nicht stehen, sondern kommt voran. Dies zu erkennen, mehr noch, dies zu erfahren, macht österlich froh.

TAGESGEBET

Ewiger Gott.
In deinem auferstandenen Sohn hast du unsere Sehnsucht nach
Leben und Liebe gestillt. Dafür danken wir dir täglich neu.
Lass uns bleiben in seiner Liebe und mit ihm gehen auf seinen
Wegen.
Darum bitten wir dich durch ihn, Christus, unseren Bruder und
Herrn.

FÜRBITTEN

Im fürbittenden Gebet machen wir unsere Herzen weit und vertrauen alle Menschen, die uns jetzt in den gläubigen Sinn kommen, der heilenden und bleibenden Liebe unseres auferstandenen
Herrn Jesus Christus an:

– Du, der du unsere Versöhnung bist: Erbarme dich aller, die miteinander im Streit liegen.

– Du, der du unser Weg bist, auf dem wir gehen dürfen: Erbarme
dich aller, die müde sind und nicht mehr mitgehen wollen.

– Du, der du unsere Hoffnung und Zuversicht bist: Erbarme dich
aller, die traurig und niedergeschlagen sind.

– Du, der du uns in deiner Liebe birgst: Erbarme dich aller, die
ruh- und rastlos sind.

Ewiger, allerbarmender Gott, du machst unsere Herzen weit und
erfüllst uns mit deiner bleibenden Liebe, in der wir geborgen sind
in Christus, deinem Sohn, unserem Bruder und Herrn. Amen.

LIEDVORSCHLAG

GL 559,1–4 »Mein schönste Zier und Kleinod bist«

Peter Fromm

113

Liebe, die befreit

Fünfte Woche der Osterzeit: Freitag

SCHRIFTTEXT

Joh 15,12–17   Dies trage ich euch auf: Liebt einander!

VERKÜNDIGUNG

Unser Glaube hat es mit einem Gott zu tun, der uns anspricht und der sich ansprechen lässt, der uns seinen Namen »JHWH – Ich bin da und werde immer für euch da sein« geoffenbart hat und der uns in seinem Sohn Jeschua, »Jahwe rettet«, gezeigt hat, wie gut er es mit uns meint, wie weit seine Liebe geht. Eine Liebe, die den Tod nicht scheut und die bereit ist, alles, sogar das Leben, für die andern hinzugeben.

Eine solche Liebe bleibt nicht ohne Wirkung. Sie besiegt die todbringenden Mächte, reißt Mauern ein und füllt unüberwindliche Gräben auf. Wo Benachteiligungen abgebaut und Ungerechtigkeiten überwunden werden, da werden aus Knechten Freunde, da werden aus Menschen Schwestern und Brüder.

Jesus nennt seine Jüngerinnen und Jünger Freunde, weil sie teilhaben dürfen an eben jener Liebe, die das Leben fördert und der Lebenssehnsucht allen Hindernissen zum Trotz zum Durchbruch und zur Wirklichkeit verhilft. Eine solche Liebe bleibt auch bei den Jüngern nicht ohne Wirkung: Sie werden angetrieben, im Geist dieser Liebe zu handeln, Jesu Sache weiterzutragen und zu tun, was er ihnen aufträgt.

Das ist kein blinder Aktionismus, kein selbstherrliches Tun, keine Eigenleistung, sondern ein Sich-zur-Verfügung-Stellen für Gottes wirksames Handeln, ein Durchlässigwerden für seine Liebe, die es gut mit den Menschen meint. Wenn Gott Initiator und die treibende Kraft unseres Tuns ist, dann wird unsere Arbeit nicht vergebens sein, sie wird Frucht bringen, die bleibt, um der Menschen willen.

Als Freunde Jesu dürfen wir uns immer wieder seiner Freundschaft, seiner Liebe versichern und uns in ihr festmachen, so dass unsere Arbeit, unser Tun und unsere Sendung nicht ins Leere laufen, sondern den Menschen dienen und Gott zur Ehre gereichen. Das Brot untereinander brechen zu dürfen und darin ihm, dem Auferstandenen, begegnen zu dürfen ist der höchste Erweis Jesu Liebe an uns und die tiefste Basis unseres Lebens und Mühens.

TAGESGEBET

Gütiger Gott, im Licht von Ostern erkennen wir, wer du für uns bist und wer wir für dich und füreinander sind.
Lass den Glanz deiner Liebe in unserem Herzen widerscheinen und so teilhaben an dem, was du uns in der Auferstehung deines Sohnes Jesus Christus geschenkt hast: die Gemeinschaft mit dir, die keine Trennung mehr kennt.
So bitten wir durch unseren auferstandenen Herrn Jesus Christus.

FÜRBITTEN

Christus hat uns Freunde genannt und uns eingeladen, in seinem Namen Gott, den Vater, zu bitten. So tragen wir ihm die Anliegen und Nöte unserer Zeit vor:

– Wir beten für die Kirche: Halte sie in deiner Liebe, damit ihr Tun reiche Frucht bringt.

– Wir beten für die Verantwortlichen in unserem Land: dass ihre Entscheidungen dem Wohl der Menschen und dem sozialen Frieden dienen.

– Wir beten für alle, die an deiner Liebe zweifeln und denen es schwer fällt, zu dir Vertrauen zu fassen: dass ihnen Erfahrungen deiner Nähe zuteil werden.

– Wir beten für unsere Verstorbenen: dass das Gute, das sie uns erwiesen haben, in deinem Reich reiche Frucht trägt.

Gott, unser Vater, in Jesus Christus, deinem Sohn, hast du uns gezeigt, wie grenzenlos deine Liebe ist und wie unermüdlich du uns suchst. Dafür preisen und loben wir dich in Jesus Christus, deinem Sohn, und durch den Heiligen Geist, heute und in Ewigkeit. Amen.

LIEDVORSCHLAG

GL 298 »Herr, unser Herr, wie bist du zugegen«

Christoph Böttigheimer

Nicht von der Welt – aber für die Welt

Fünfte Woche der Osterzeit: Samstag

SCHRIFTTEXT

Joh 15,18–21 Ihr stammt nicht von der Welt, sondern ich habe
euch aus der Welt erwählt

VERKÜNDIGUNG

Das ist nicht gerade eine hoffnungsvolle Perspektive, die Jesus
seinen Jüngerinnen und Jüngern anbietet: Es wird ihnen so gehen,
wie es ihm gegangen ist! Wer sich auf seine Spur einlässt, wer
redet und handelt, wie er es vorgemacht hat, wer auftritt, wie er
aufgetreten ist, wer gesellschaftliche und religiöse Vorschriften
bricht, die nicht mehr der Gerechtigkeit und der Menschenwürde
dienen, wer sich vor und neben Arme und Ausgeschlossene stellt
und wer sich von der Not und dem Leiden anderer berühren und
anstecken lässt, der handelt sich Ablehnung und Hass ein, die bis
zur tödlichen Ausgrenzung führen können. Für Jesus sind diese
Konsequenzen in dem begründet, was Ausgangspunkt und End-
punkt seines ganzen Lebens war: Er kommt nicht aus der Welt,
sondern aus Gottes Himmel. Aber er kommt für die Welt, eben
weil er im Namen dieses Gottes kommt, der der Gott-mit-uns ist.
In diese Verwurzelung und Einbindung nimmt Jesus die mit, die
er gerufen, die er gesammelt und die er beauftragt hat, seinen Auftrag weiterzuleben. Es ist göttlicher, himmlischer Auftrag – der
Beauftragende und der Sendende ist Gott selber, der will, dass die
Welt heilig und geheilt werde, der sie befreien und erlösen will
von allen Verstrickungen und Mächten, die der Welt und den
Menschen den Tod bringen. »Um der Menschen und ihres Heiles
willen« – das ist die Zusammenfassung der Absicht Gottes, die er
mit der Welt und den Menschen hat. Das hat Jesus gelebt mit allen Konsequenzen und er ruft sich bis heute Menschen, die diese
Absicht Gottes weiterleben. Dies bringt nicht Flucht aus der
Welt, sondern Eintauchen in die Bedingungen und Verhältnisse,
in denen Menschen leben und leiden, lieben und hassen, leben
und sterben. Wer so österlich verwurzelt ist in dem, was Gott den

117

Menschen will, der nimmt Teil an dem, was Menschen bedrückt und belastet, der solidarisiert sich mit denen, die ausgegrenzt und abgeschoben sind, und hilft denen zum Leben, die sich schon aufgegeben haben. Österliche Menschen sind Menschen, bei denen die Eigentumsverhältnisse klar sind: Sie sind nicht weltlichen, materiellen, ausschließlich erfolgsorientierten Gesetzen verpflichtet, die Besitz über sie ergriffen hätten. Österliche Menschen sind Menschen, die hineingetauft sind in neue Verhältnisse, die von Gott geschaffen und in Jesu Tod und Auferstehung ein für allemal in die Welt hineingebunden sind und die nur eines zum Ziel haben, dass Menschen ins Leben und für das Leben aufstehen können. Das wird die so Glaubenden, Hoffenden und Handelnden immer wieder in Widerspruch bringen zu herrschenden Meinungen und Spielregeln, Verhältnissen und Gepflogenheiten. Sie werden gelegentlich belächelt und abgelehnt, vielleicht sogar verlacht und für dumm verkauft werden.

Christliche, österliche Gemeinde wird darum, bestärkt durch Jesu Leben spendenden Geist, um Kraft und Vertrauen für diesen auch in unseren Tagen nicht leichten Weg beten und bitten.

TAGESGEBET

Gott des Lebens,
in Jesu Tod und Auferstehung hast du uns wirkmächtig gezeigt, was deine Absicht mit uns und unserer Welt ist.
Lass uns mit ihm auferstehen. Wecke uns auf und lass uns einstehen für alles, was das Leben fördert.
So bitten wir durch Christus, unserem auferstandenen Bruder und Herrn.

FÜRBITTEN

Zu Jesus Christus, der uns gerufen und uns als Freunde des Lebens berufen hat, lasst uns beten:

– Für alle Frauen, die zu ihrem Kind Ja sagen und von ihren Männern verlassen und verstoßen werden.

– Für alle, die sich in Friedens- und Versöhnungsdiensten einsetzen und dabei Gesundheit und Leben riskieren.

– Für alle, die Kranke und Leidende pflegen und sie zum Leben aufrichten und dabei oft an ihre eigenen Grenzen kommen.

– Für alle, die Sterbende begleiten und dabei viel Kraft verschenken.

Herr Jesus Christus, wir singen dir unseren österlichen Dank für das Leben, in das du uns hineingenommen hast, und preisen dich als den Urheber einer neuen Hoffnung auf das Ende von Leid, Not und Tod. Amen.

LIEDVORSCHLAG

GL 635 »Ich bin getauft und Gott geweiht«

Wolfgang Tripp

Wovon das Herz voll ist, läuft der Mund über

Sechster Sonntag der Osterzeit

ERÖFFNUNG

Das Herz ist nach biblischer Vorstellung der Sitz aller Empfindungen, Gefühle und Gedanken. Das Herz kann so voll sein von der Freude, dass es einen Menschen fast zerreißt. Das Herz kann so voll sein von Kummer, dass wir jemanden brauchen, dem wir es ausschütten können. Wovon das Herz voll ist, läuft der Mund über – hat Luther übersetzt. Ist unser Herz noch voll von Ostern?
Ein Widerhall des Halleluja in uns Verstummten?
Ein Schauer vom frischen Osterwasser in uns Abgestandenen?
Ein Glanz vom Licht, lumen Christi, vom unauslöschlichen Licht?
Ein Staunen darüber, dass der Schrecken des Todes einen völlig unerwarteten Ausgang genommen hat?
Das Ungeheuere der Auferstehungsbotschaft, in Zweifeln vielleicht, mit Schrecken auch und mit Staunen und Verwundern?
Das von Ostern erfüllte Herz muss überfließen. Es muss rufen, schreien, singen, kundtun, wie es uns im Eröffnungsvers der Liturgie empfohlen wird:

> Verkündet es jauchzend, damit man es hört!
> Ruft es hinaus bis ans Ende der Erde!
> Ruft: Der Herr hat sein Volk befreit.
> Halleluja. (vgl. Jes 48,20)

LIED

GL 219 »Die ganze Welt, Herr Jesus Christ«

Anton Seeberger

Ein Herz und eine Seele

SCHRIFTTEXT

Joh 15,26–16,4a   Der Geist der Wahrheit wird Zeugnis für mich
ablegen

VERKÜNDIGUNG

Ein Herz und eine Seele: Immer wieder spüren wir menschliche
Beziehungen oder Bindungen auf, bei denen wir dieses Bild gebrauchen. Kein Mensch denkt da an siamesische Zwillinge, sondern an ein hohes Maß an Übereinstimmung in Charakter, Le-
bensmelodie und Zielsetzung zweier oder mehrerer Menschen.
Warum sollen nicht auch einmal verschiedene Schriftsteller des
Neuen Testamentes die Ehre zugedacht bekommen, ein Herz und
eine Seele zu sein und gegenseitig Schlüssel zum Verständnis ihrer Schriftzeugnisse?
Jesus beruft Menschen zum Zeugnis, die von Anfang an bei ihm
sind, mit ihm durch dick und dünn gegangen, mit ihm eben ein
Herz und eine Seele sind. Ihr Zeugnis ist so echt und glaubhaft,
dass es den Gegnern heiliger Dienst für Gott zu sein scheint, die
Zeugen zu töten um der vermeintlichen Reinheit der Lehre
willen (Joh 15,27 und 16,4a). Johannes spekuliert hier nicht, sondern deutet Lebenswirklichkeit im Lichte des Auferstandenen. Er
ist »ein Herz und eine Seele« mit der Apostelgeschichte, die zu
berichten weiß: »Die Gemeinde der Gläubigen war ein Herz und
eine Seele (4,32a). Mit großer Kraft legten die Apostel Zeugnis ab
von der Auferstehung Jesu, des Herrn, und reiche Gnade ruhte auf
ihnen allen« (4,33).
Herz und Seele sind aber keine Tautologie, die mit zwei Worten
dasselbe sagt. Das Herz belegt das leidenschaftliche Miterleben,
die Seele das Bewahren in der Tiefe des Bewusstseins. Beides zusammen macht das Ganze der glaubenden Existenz aus. Sehr
schön können wir das bei Maria beobachten, von der nach dem
Tempelbesuch mit dem zwölfjährigen Jesus gesagt wird: »Seine
Mutter bewahrte alles, was geschehen war, in ihrem Herzen«

(Lk 2,51b). So kann sich alles Geschehene aus der Tiefe eines Menschen in künftigem Handeln ausdrücken und Zeugnischarakter bekommen.

Von Anfang an bei Jesus sein heißt aber nicht nur, historischer Augen- und Ohrenzeuge gewesen zu sein, sondern eins gehen mit dem Ganzen seines Wesens. Von Anfang an bei Jesus ist, wer wie er das Heilsgeschehen Gottes immer von der Schöpfung her bedenkt und darum die Tragweite seiner eigenen Neuschöpfung in Christus erst richtig erfassen kann. Das kann dann sein beim Vergegenwärtigen der Heilsgeschichte in Schriftlesung und eucharistischem Gedächtnismahl, beim Gestalten der Gegenwart durch aktives Kirchesein und beim Umsetzen von Visionen auf die Zukunft des Reiches Gottes hin.

Indem ich das Ganze bedenke und lebe, bin ich von Anfang an bei Jesus und zum Zeugnis berufen. Ich bin mit ihm eben ein Herz und eine Seele.

So zu denken entspricht dem Wunsch Jesu, damit wir auch unsere Widerwärtigkeiten in vernünftige Lebenskoordinaten einbinden können. In der Annahme unserer Kreuze feilen wir die Schlüssel zur Auferstehung.

TAGESGEBET

Guter Gott,
von dir kommt alle Güte und Lebenskraft. Wo Menschen ihr Leben aus deiner Liebe heraus gelingen lassen, nennen wir sie ein Herz und eine Seele. Das bezeugt die Heilige Schrift von den ersten christlichen Gemeinden.
Schenke uns deinen Heiligen Geist, ihr Zeugnis wahrzunehmen und zu schätzen, damit auch wir beherzt unseren Glauben leben und der Welt ein Stück gute Seele sein können.
So bitten wir durch Christus, unseren Bruder und Herrn.

FÜRBITTEN

Gütiger Gott, deine frohe Botschaft gibt uns Kraft, unser Leben von Anfang an in dir geborgen zu sehen und dir auch in Widerwärtigkeiten zu vertrauen. Darum bitten wir:

– Schenke unseren Gemeinden glaubwürdige Frauen und Männer, die sich nicht scheuen, auch im Alltag von deiner Liebe und Treue Zeugnis abzulegen.

– Schenke unseren Familien deinen Heiligen Geist, damit sie über alle Spannungen und Generationen hinweg ein Herz und eine Seele bleiben.

– Wende dich den verbitterten und vereinsamten Menschen zu, die schwere Kreuze tragen müssen und das Vertrauen in dich und andere Menschen verloren haben.

– Besiegle das Lebenszeugnis unserer Verstorbenen mit deiner ewigen Liebe und Geborgenheit.

Gott, unser Vater, unser ganzes Leben ist in deiner Hand. Lass uns treue Zeugen bleiben durch Jesus Christus, der uns im Heiligen Geist ein Herz und eine Seele sein lässt, heute und in alle Ewigkeit. Amen.

LIEDVORSCHLAG

GL 551 »Schönster Herr Jesu, Herrscher aller Herren«

Heinrich Klöpping

123

Stärk uns täglich immer wieder in der Jüngerschaft

Sechste Woche der Osterzeit: Dienstag

SCHRIFTTEXT

Joh 16,5–11   Wenn ich nicht fortgehe, wird der Beistand nicht zu euch kommen

VERKÜNDIGUNG

Die Chassidim, die osteuropäischen Juden, haben in der Umgebung fremder Kultur und Religion eine besondere Fähigkeit entwickelt, Glaubenswahrheiten in Alltagsgeschichten zu vermitteln und sich mit Lebensbejahung und Lebensfreude auch in existenziellen Nöten zu behaupten. Eine Beobachtung aus dem Spiel von Kindern erzählt die folgende Geschichte:

Rabbi Baruchs Enkel, der Knabe Jechiel, spielte einst mit einem anderen Knaben Verstecken. Er verbarg sich gut und wartete, dass ihn sein Gefährte suche. Als er lange gewartet hatte, kam er aus dem Versteck; aber der andere war nirgends zu sehen. Nun merkte Jechiel, dass jener ihn von Anfang an nicht gesucht hatte. Darüber musste er weinen, kam weinend in die Stube seines Großvaters gelaufen und beklagte sich über den bösen Spielgenossen. Da flossen Rabbi Baruch die Augen über und er sagte: »So spricht Gott auch: Ich verstecke mich, aber keiner will mich suchen« (Aus: Martin Buber, Die Erzählungen der Chassidim, Zürich 1949, S. 191).

Gott ist unseren Sinnen verborgen, aber Gott und Mensch sind auf der Suche, einer nach dem anderen. Was aber, wenn das Suchen ausbleibt? Wenn der Mensch Gott nicht mehr sucht? Wenn Gott den Menschen nicht mehr suchen würde?

Johannes hat in seinem Evangelium die Worte Jesu bewusst unter diesem Gesichtspunkt gesammelt und geordnet. Er bereitet die Jünger vor auf die Zeit ihrer Bewährung, wenn sie sich nicht mehr an seinen Mantelzipfel hängen können. Theologisch korrekter ausgedrückt: Christi Himmelfahrt, das Fest, das wir übermorgen feiern, markiert diese Zäsur eines neuen Verhältnisses zwischen den Jüngern und dem Auferstandenen. Er ist ihren Augen verborgen. Ein neues Aufeinandereingehen und -zugehen, ein neues Nacheinanderfragen ist einzuüben, eine andere Gangart des Vorausgehens und Nachfolgens als in den Tagen am See Gennesaret. Zwei verschiedene Reaktionen sind möglich: Entweder sind die Jünger so mit ihren eigenen Gefühlen beschäftigt, dass sie den, der weggeht, gar nicht mehr sehen, nicht mehr fragen: »Wohin des Wegs?« Oder: Sie können sich nicht lösen, sie bleiben an den Fersen hängen, sie verharren in der Trauer, die nicht wahrhaben will, im Realitätsverlust, im infantilen, unreifen Verständnis des Nachfolgens.

Die Nachfrage der Jünger bleibt aus: Wohin gehst du? Jesus sieht die Jünger in ihren Gefühlen befangen und führt sie heraus – in eine dramatische Weite und Bedeutung des Raumes, der Welt, in die sie gestellt sind. Nicht eingeschlossen in Innerlichkeit, sondern weltöffentlich wird offenkundig, was Sünde ist, was Gerechtigkeit, was Gericht. Müsste man nicht für alle drei Worte eine eigene Tagung abhalten, ein eigenes Buch schreiben, eine theologische Abhandlung? Wer dies erwartet, wird überrascht. Es folgen nämlich keine Worterklärungen, Definitionen, Lexikonauskünfte. Sünde, Gerechtigkeit und Gericht erschließen sich an unserer Entscheidung für oder gegen Christus. Sie lassen sich nicht mehr instrumentalisieren für eigene Zwecke, auch nicht für die moralische Belehrung oder als Drohbotschaft. Nicht ins Jenseits geschoben ist das Gericht – es wird schon täglich gerichtet, indem sich Menschen entscheiden, worauf sie ihre Hoffnung setzen. Nicht ins Jenseits vertröstet ist Gerechtigkeit – sie fängt heute an in der Erkenntnis, dass wir gerecht gemacht sind. Nicht ins Unwirkliche wegerklärt ist Sünde – sie geschieht im »Nicht-anerkennen«.

Bitt-Tage nennt die Tradition diese Tage vor Christi Himmelfahrt. Wer in unsere Welt hineinschaut, hat Grund und Auftrag zu bitten: Denn das Nicht-Anerkennen, Nicht-gelten-Lassen des Mitmenschen und Gottes gehen in unserem Tun ineinander über; denn der Gerechtigkeit in unserer Welt, in unserem Land, in unserem persönlichen Umkreis dienen wir, wenn wir uns zu Christus bekennen; denn mit dem Gericht ist nicht zu drohen; seinem Ernst und seiner Gültigkeit können wir uns nur stellen im Vertrauen auf Christus.

TAGESGEBET

Verborgener Gott. Du entziehst dich, wenn wir dir keinen Raum gewähren. Du lässt dich finden, wenn wir dich suchen.
Komm uns entgegen in deinem auferstandenen Sohn. Nimm die Sünde fort, die das Leben verdirbt, erfülle dein Gericht in unserer verkehrten Welt, schaffe die Gerechtigkeit, die uns nicht gelingt. Darum bitten wir durch Jesus Christus.

FÜRBITTEN

Am Morgen/am Abend dieses Tages bringen wir vor dich, Gott des Lebens, was der Blick auf unsere Welt an Fragen und Bitten in unseren Herzen auslöst, und rufen durch Christus, den Auferstandenen, zu dir:

– Wir sehen vor uns Menschen, die sich unwert vorkommen, weil niemand nach ihnen aufrichtig fragt: Wie geht es dir? Wohin des Wegs?

– Wir sehen vor uns junge Menschen in der Aufgabe, sich zu lösen und in die Selbstständigkeit hineinzuwachsen; und Eltern, die in verständlicher Sorge nicht vermögen loszulassen.

– Wir sehen vor uns Menschen, die es aufgegeben haben, ihrem Leben eine Richtung zu geben, die den Anruf von Sünde, Gerechtigkeit und Gericht in den Wind schlagen.

– Wir sehen vor uns eine Welt, die eine Botschaft erwartet, nicht als Drohung, sondern als Ermutigung zur Gerechtigkeit.

Lass uns in deinem Namen, Herr, die nötigen Schritte tun, gib uns den Mut voll Glauben, Herr, mit dir zu Menschen zu werden. Amen.

LIEDVORSCHLAG

GL 298 »Herr, unser Gott, wie bist du zugegen«

Robert Widmann

Das Echo

Sechste Woche der Osterzeit: Mittwoch

SCHRIFTTEXT

Joh 16,12–15   Der Geist der Wahrheit wird euch in die ganze
Wahrheit führen

VERKÜNDIGUNG

»Wie man in den Wald hineinruft, so schallt es heraus.« Das Echo
ist Widerhall oder Nachhall auf den abgegangenen Klang oder Ruf.
Die Bibel spricht gern vom Ruf Gottes an bestimmte Menschen,
Völker und Gemeinden. Deren Leben und Geschichte ist wie ein
Nachhall oder Widerhall. Die großen Gestalten des Alten und
Neuen Bundes sind so etwas wie das Echo, Nachklang der »Me-
lodie« Gottes. Dasselbe kann man von der variationsreichen Ge-
schichte des Christentums und der Kirche(n) sagen.
Auch diesen Gottesdienst verstehe ich als Echo auf das Handeln
Gottes in der Welt und an den Menschen in Jesus Christus. Das
Auferstehungsgeschehen verlangt nach einer Reaktion unserer-
seits. Wortgottesfeier und Eucharistie erinnern und vergegenwärtigen das Osterereignis gestern, heute und morgen. Wir, die
feiernde Gemeinde, hören das Wort und brechen das Brot und erfahren so die Gegenwart des erhöhten Herrn kraft des Heiligen
Geistes. »Er nimmt von dem, was mein ist, und wird es euch verkünden« (Joh 16,14). So wird unser Glaube in der Gemeinschaft
der Kirche konkret und lebendig erfahren und weitergegeben.
Manche Christen wundern sich, dass ihr Glaube nicht mehr mit
dem der Kinder und Enkel übereinstimmt. Sie sind besorgt über
eine Kirche, die auf einmal von einer Hierarchie der Wahrheiten
und Werte spricht; die Laien zu Mitarbeitern im pastoralen
Dienst erhebt. Gottesdienstformen ändern sich. Man bemüht
sich um eine Ökumene zu den anderen Kirchen und Religionen.
Mündig, eigenständig soll der Christ sein.
Diese Veränderungen sind ein Zeichen der Variationsbreite der
Grundmelodie »Evangelium«. Die Wahrheit der Christusoffen-
barung ist lebendig; nicht statisch, sondern dynamisch. Unser

Glaube ist ein gewordener Glaube. Die Liturgie der Kirche ist gewordene Feier. Alles Glauben und Feiern, alles Verwalten und Tun ist auf das Eigentliche ausgerichtet: Gott. Er ist »die Wahrheit«, sagt das Johannesevangelium und meint damit die Wirklichkeit, die Tatsache, das Unbezweifelbare, nicht Wegzudiskutierende. Gott ist der einzig und bleibend Verlässliche. Gut, dass es das Versprechen Jesu gibt: »Ich habe euch noch vieles zu sagen« – durch den schöpferischen Geist. Er ist für neue Melodien immer gut. Werden wir nur verzagt das entsprechende Echo singen?

TAGESGEBET

Gott.
Du bist uns immer voraus. Du bist wie ein Stein, der, ins Wasser geworfen, Kreise zieht. So bewegst du Leben, Menschen und Zeiten.
Wir ziehen unsere Lebenskreise: Sei du die Mitte, die bleibt, durch deinen Sohn unseren Herrn Jesus Christus, der mit dir lebt im Heiligen Geist jetzt und allezeit.

FÜRBITTEN

Bitten wir Gott den Vater durch Jesus Christus im Heiligen Geist. Bitten wir stellvertretend für alle:

– Unsre engen Grenzen, unsre kurze Sicht, bringen wir vor dich.
  Wandle sie in Weite;
  Herr, erbarme dich.

– Unsre ganze Ohnmacht, was uns beugt und lähmt, bringen wir vor dich.
  Wandle sie in Stärke;
  Herr, erbarme dich.

– Unser verlornes Zutraun, unsre Ängstlichkeit, bringen wir vor dich.
  Wandle sie in Wärme;
  Herr, erbarme dich.

– Unsre tiefe Sehnsucht nach Geborgenheit bringen wir vor dich.
Wandle sie in Heimat;
Herr, erbarme dich.

(Text: vgl. Eugen Eckert, in Erdentöne – Himmelsklang, S. 147)

LIEDVORSCHLAG

GL 242 »Komm, allgewaltig heilger Hauch«

Heribert Feifel

Das Unglaubliche glauben

Sechste Woche der Osterzeit: Donnerstag

SCHRIFTTEXT

Joh 16,16–20 Ihr werdet bekümmert sein, aber euer Kummer
wird sich in Freude verwandeln

VERKÜNDIGUNG

»Er hat immer wieder solche Andeutungen gemacht, aber so richtig ernst genommen hat ihn keiner. Manchmal war er so eigenar-
tig, hat vom Sterben und von Abschied gesprochen, aber wir haben ihn nicht verstanden. Erst hinterher, im Nachhinein wurde
uns klar, was er gemeint hat. Erst im Rückblick auf die vergange-
nen Ereignisse ergeben für uns seine Aussagen und Andeutungen
einen Sinn.«
So mag es den Jüngern Jesu ergangen sein, als er von Abschied,
Tod und Auferstehung zu seinen Jüngern gesprochen hat. Sie
konnten es sich einfach nicht vorstellen, sie konnten es nicht verstehen, noch nicht. Sie konnten es sich nicht vorstellen, weil sie
in ihren eigenen Vorstellungen gefangen waren. Für sie ist Jesus
der Messias, der große Meister, der Rabbi, der Wundertäter, der
Prediger, der Freund und Bruder, der Heiler, der Sozial- und Glau-
benskritiker, der Revolutionär, der lang ersehnte Prophet, der
Heilige Gottes. Er ist der König, der Sohn Gottes. So vielseitig die
Titel waren, so vielseitig waren die Erwartungen. Und viele davon hat er ja tatsächlich erfüllt. Er hat Armen geholfen, Kranke
geheilt, Herrschende kritisiert, Gesetze neu interpretiert, er hat
eine neue Sicht Gottes ermöglicht: Gott als Vater aller, als lie-
bender Vater!
Bei all dem waren seine Anhänger mit Begeisterung dabei und so
sollte es weitergehen. Ein Siegeszug, ein Triumphzug gewisser-
maßen. In dieser Hochstimmung kann man doch nicht von Tod
sprechen, auch nicht, wenn man das baldige Wiedersehen mit-
einbezieht. Sie konnten es nicht verstehen – damals.
Und wie geht es uns heute? Jahr für Jahr feiern wir Ostern, in jedem Gottesdienst feiern wir Tod und Auferstehung. Verstehen

wir, was wir feiern, leben wir, was wir glauben, lassen wir unseren Kummer in Freude verwandeln? Oder werden auch wir in unseren Vorstellungen gefangen gehalten?

TAGESGEBET

Herr unser Gott.
Manchmal fällt es uns schwer, an unsere Erlösung zu glauben.
Stärke unseren Glauben an die Auferstehung deines Sohnes, damit wir als frohe Zeugen dein Wort in der Welt von heute verkünden.
Darum bitten wir durch Jesus Christus.

FÜRBITTEN

Lasset uns beten zu unserem Herrn Jesus Christus. Er führt uns vom Tod zum Leben:

– Für alle Verantwortlichen in Politik, Wirtschaft und Kirche: dass ihr Handeln bestimmt sei vom Erhalt des Friedens, der sozialen Gerechtigkeit und der Bewahrung der Schöpfung.

– Für alle, deren Herzen hart geworden sind, weil das Leben hart zu ihnen war: Sende ihnen hoffnungsfrohe Wegbegleiter, die ihnen helfen, die Verhärtungen zu lösen.

– Für die Menschen, die einen Angehörigen in seinem Sterben begleiten: dass sie den schweren Weg aufrichtig und tröstlich mitgehen.

– Für unsere Verstorbenen, die geglaubt haben, nach dem Tod bei dir zu sein: Führe sie vom Glauben zum Schauen.

Denn du, Herr Jesus Christus, bist uns vorangegangen zum Vater und willst, dass wir dir nachfolgen. Dir sei Lob und Ehre in Ewigkeit. Amen.

LIEDVORSCHLAG

GL 222 »Nun freue dich, du Christenheit«

Josef Wiedersatz

Von der endgültigen Freude

Sechste Woche der Osterzeit: Freitag

SCHRIFTTEXT

Joh 16,20–23a   Niemand nimmt euch eure Freude

VERKÜNDIGUNG

Es gibt oft viel zu beklagen. Wir leiden unter vielen Dingen und mancherlei Nöte machen uns das Leben schwer. Manchmal wissen Menschen vor lauter Not nicht mehr aus noch ein. Ein Kirchenlied von Paul Eber (1511–1569) aus dem Jahr 1566 beginnt so. »Wenn wir in höchsten Nöten sein und wissen nicht, wo aus noch ein.« Das Lied endet mit der Bitte an Gott, er möge von Schuld befreien, damit ihm mit Freuden gedankt werden könne.

Das Johannesevangelium spricht auch vom Weinen und Klagen der Jünger. Der Tod Jesu steht nahe bevor. Was für sie so gut begonnen hatte, wird ein schreckliches Ende nehmen. Sie werden den Tod ihres Meisters beklagen. Sie werden sich dem Spott der Welt ausgesetzt sehen, weil aus der Sicht der Gegner durch den Tod Jesu auch die Hoffnung der Jünger sterben wird. Ihnen wird jetzt gesagt: Ihre Trauer wird verwandelt werden. Das Leben bleibt nicht an Tiefpunkten stehen. Auf die Nacht folgt der Tag, auf den Tod folgt die Auferstehung zum Leben.

Es dauert manchmal sehr lange, bis Niedergeschlagene wieder aufstehen und Verletzungen heilen können. Manche kommen nie mehr auf die Beine, weil sie über bestimmte Leiderfahrungen nicht mehr hinwegkommen. Der Evangelist beschreibt die Erfahrungen einer Frau, wie sie sich vor und nach der Geburt fühlt. Die Freude über die glückliche Geburt wird am Ende den Schmerz überbieten. Der Evangelist lässt Jesus von einer Freude sprechen, die von außen her auf die Jünger zukommen wird. Es wird der Geist sein, der von Gott kommt und alles heilen wird, was es an Wunden und Verletzungen gibt.

Diese Botschaft will nicht vertrösten, sondern vor allem diejenigen aufmuntern, die mit ihrem Leben nicht zurechtkommen und sehr traurig sind. Sie werden erfahren, dass es eine Freude geben wird, die ihnen niemand nehmen kann.

TAGESGEBET

Guter Gott.
Abschied und Trennung von wichtigen Menschen fallen uns sehr schwer, vor allem dann, wenn wir liebe Mitmenschen durch den Tod verlieren. Wir trauern dann, wissen nicht mehr weiter und fühlen uns allein und verlassen.
Zeige dich uns als unseren Wegbegleiter, der uns dann aufrichtet, und stärke uns durch die Botschaft deines Sohnes, der uns deinen Geist verheißen hat. Er soll uns wieder in die Gemeinschaft führen, die dein Sohn gewollt hat, der mit dir lebt in Ewigkeit.

FÜRBITTEN

Herr unser Gott, unsere Klagen und unsere Sorgen, die uns immer wieder begleiten und lähmen, tragen wir dir vor und bitten dich:

– Viele trauern um Menschen, die sie durch den Tod verloren haben. Schenke ihnen Kraft zu trauern und stärke sie wieder für das Leben.

– Manche Menschen sind verbittert, weil ihnen Unrecht angetan wurde. Gib ihnen neue Kraft, dass sie vergeben können und wieder für Begegnungen offen werden.

– Väter und Mütter mühen sich lange Jahre um die Angelegenheiten der Familie und spüren oft wenig Anerkennung. Segne ihre Mühen um die Zukunft ihrer Kinder. Schenke ihnen zurück, wofür sie sich aufgezehrt haben.

– Verantwortliche sorgen sich um die Zukunft unserer Gemeinden und leiden darunter, dass sich viele abwenden und zurückziehen. Ermuntere sie, sich auf die Zusage deines Sohnes zu besinnen, der uns deinen Beistand verheißen hat.

Wir vertrauen dir, der du uns begleitest und behütest, und wir hoffen auf dich, der du uns eine unvergängliche Freude schenken wirst durch Christus, unseren Herrn. Amen.

LIEDVORSCHLAG

GL 222 »Nun freue dich, du Christenheit«

Martin Stöffelmaier

Bittstellerin und Bittsteller sein

Sechste Woche der Osterzeit: Samstag

SCHRIFTTEXT

Joh 16,23b–28 Der Vater selbst liebt euch, weil ihr mich geliebt und weil ihr geglaubt habt

VERKÜNDIGUNG

Von den Bitttagen hat auch die gesamte Woche, die wir heute beschließen, ihren Namen. In vielen Gemeinden sind die Gläubigen mit Bittprozessionen über Land gegangen und haben um Wachstum und Gedeihen der Feldfrüchte gebetet. Der dabei immer wiederkehrende Gebetsruf lautet: Dass du, o Gott, die Früchte der Erde geben, segnen und erhalten wollest.

Was wir für die Feldfrüchte erbitten, dürfen und sollen wir auch für das Wachstum und die Früchte auf unserem inneren Ackerboden tun. Eindringlich legt uns Jesus in seinen Abschiedsworten ans Herz, den Vater inständig zu bitten um den Beistand des Trostgeistes. Jesus selbst betet für die Einheit, für seine Jünger und auch für uns.

Vielen Menschen unserer Zeit fällt Bitten und Danken nicht gerade leicht. Sich als Bittstellerin oder Bittsteller vorzukommen empfinden viele als demütigend und unter ihrer Würde; vielen ist es unangenehm, weil sie sich damit als klein oder klein gemacht, als angewiesen, abhängig und ohnmächtig erfahren. Das widerstrebt dem Freiheitsbestreben und -bewusstsein.

Kann Bitten nicht auch eine ganz andere Wirkung haben? Kann durch das inständige und eindringliche Bitten nicht auch die Sehnsucht nach dem besseren Leben genährt werden und wachsen? Im Bitten richtet sich der Mensch bewusst aus auf das Größere, das er nicht aus sich selbst hat und kann. Beim Bitten richtet sich der Mensch auf und wird aufgerichtet aus all dem, was ihn bedrückt. Er erinnert sich daran, von woher ihm Hilfe und Trost zukommt. Er spannt seine Flügel, die ihm oft genug auch gestutzt werden oder herunterhängen, weit aus. Im Bitten wird die Spannkraft der Hoffnung gestärkt, wachsen die Schwingen der

Sehnsucht. Wer solches Bitten in seinem Leben praktiziert, wird auch frei vom weit verbreiteten Machbarkeitswahn und von der Vorstellung, alles selbst machen und autonom sein zu müssen. Solches Bitten will befreien vom Zwang und der Tyrannei des sich selbst genügenden und selbst glücklich machenden Menschen.

Das Bitten verbindet Jesus mit dem Finden der vollkommenen Freude.

So gesehen bedeutet das Bitten und die Einübung des Bittgebetes eher das Gegenteil von dem, was viele zunächst damit verbinden. Wäre das nicht eine neue Chance, das Bitten von einer ganz anderen Seite kennen und schätzen zu lernen, indem ich es einübe und damit auch die entsprechenden guten Erfahrungen mache?

Könnte das Ende der Bittwoche nicht ein guter Anfang sein, damit heute noch persönlich und gemeinsam zu beginnen?

TAGESGEBET

Gott unseres Lebens, dein Sohn Jesus Christus ermutigt uns, alles von dir zu erbitten und zu empfangen, um dadurch die vollkommene Freude zu finden. So oft erfahren wir, wie kurzlebig und brüchig unsere Freude ist. Du bist kein Spielverderber unseres Lebens, der uns die Freude verdirbt, sondern ein Gott, der sie uns von Herzen gönnt und schenkt.

Lass deine helle Freude in uns lebendig werden. Hab Erbarmen mit uns, wenn wir schwerfällig durch unser Leben tappen. Locke uns, damit wir erhobenen Hauptes unseren Weg gehen. Richte uns auf, damit wir aufrecht im Leben stehen und aufrichtig miteinander umgehen. Stärke uns mit dem Vertrauen, aus dem Jesus, dein Sohn, gelebt, geliebt, gekämpft hat und gestorben ist. Erfülle uns mit der Kraft seiner unzerstörbaren Hoffnung, heute und alle Tage unseres Lebens, bis in alle Ewigkeit.

FÜRBITTEN

Treuer Gott, weil du uns nahe bist, weißt du auch um all das, was uns bedrängt. Weil du so unbegreiflich bist, meinen wir oft, du seist so weit entfernt von unserem Leben. Du nimmst Anteil an allem, was unser Leben ausmacht und erschwert. Wir bitten dich:

– Stärke mit neuem Vertrauen alle, die enttäuscht wurden und misstrauisch geworden sind.

– Tröste mit neuer Hoffnung alle, die traurig und mutlos geworden sind.

– Beatme mit neuer Sehnsucht alle, die gleichgültig in den Tag hineinleben.

– Erfülle mit neuer Osterfreude alle, die nur noch funktionieren und sich an nichts mehr freuen können.

Lebendiger Gott, du findest deine Freude daran, bei uns Menschen zu wohnen und unser Leben mit uns zu teilen. Von dir dürfen wir alles erbitten, erwarten und erhoffen. Du willst und wirst uns das geben, segnen und erhalten, was die tiefere Freude in uns wirkt. Du wirst unser Leben dereinst auch vollenden in deinem alles umfassenden Frieden. Darum bitten wir durch Christus, unseren Herrn. Amen.

LIEDVORSCHLAG

GL 289 »Herr, deine Güt ist unbegrenzt«

Paul Weismantel

Dein Angesicht

Siebter Sonntag der Osterzeit

ERÖFFNUNG

Unser Gesicht zeigt unser Inneres. Aufmerksame Menschen lesen in Gesichtern: verschlafen oder wach; offen oder verschlossen; freundlich oder abweisend. Kein Mensch kann auf Dauer sein Gesicht verstellen: Wir alle merken, wenn das Lächeln im Gesicht eines Menschen erstarrt ist. Wir alle empfinden es als wohltuend, wenn jemand uns sein Gesicht freundlich zuwendet.

Wir sind hier, um in Gottes Angesicht zu schauen: seine freundliche Zuwendung zu erleben. Wir sind hier, um uns von seinen strahlenden Augen aufrichten zu lassen. Wir möchten angelacht werden von seinem gütigen Antlitz.

In Gottes Angesicht zu schauen – wie in das Gesicht eines Menschen – ist uns nicht vergönnt. Der heutige Sonntag fordert uns auf zur Suche nach seinem Angesicht: Christus ist in den Himmel gegangen, wir können sein menschliches Gesicht nicht mehr sehen. In der Dramaturgie der Feste ist der klärende, enthüllende Geist noch nicht da, er ist uns für das Pfingstfest verheißen. Darum stellt die Liturgie unserer Feier ein Wort der Suche nach dem Angesicht Gottes voran:

> Vernimm, o Herr, mein lautes Rufen;
> sei mir gnädig und erhöre mich!
> Mein Herz denkt an dein Wort: »Sucht mein Angesicht!«
> Dein Angesicht, Herr, will ich suchen.
> Verbirg nicht dein Gesicht vor mir! Halleluja. (Ps 27,7–9)

In dieser Feier der Eucharistie wendet er uns sein verborgenes Angesicht zu: Ein Lächeln für uns; eine Zustimmung, die sagt, gut, dass ihr da seid; ein sprechender Mund, der uns tröstet und aufrichtet. Hören wir auf ihn, antworten wir ihm.

LIED

GL 474 »Nun jauchzt dem Herren, alle Welt«

Anton Seeberger

Habt Mut!

Siebte Woche der Osterzeit: Montag

SCHRIFTTEXT

Joh 16,29–33   Habt Mut: Ich habe die Welt besiegt

VERKÜNDIGUNG

Johannes weiß, wovon er spricht, wenn er die deutlichen Worte Jesu an seine Jünger der Christengemeinde weitererzählt: Glaubt ihr jetzt? Glaubt ihr jetzt wirklich? Ja, jetzt glaubt ihr! Aber die Stunde kommt, und sie ist schon da, in der ihr mich allein lasst! Das ist Realität zur Zeit der johanneischen Gemeinde der zweiten oder dritten Christengeneration. Das ist Realität unserer Zeit, unserer Gemeinden. Der Eindruck, dass Menschen hochgestimmt dazukommen und ebenso schnell wieder davonlaufen, drängt sich nicht selten auf bei unseren katechetischen Bemühungen, in unseren Gottesdiensten, mit unseren Versuchen, ansprechende, einladende und beheimatende Gemeinde zu sein. Der Evangelist beruhigt seine Gemeinde: Jesus ist nicht allein. Er kann nicht allein sein: Der Vater ist bei ihm. Um Jesus brauchen wir uns also keine Sorgen zu machen. Er weiß sich, auch wenn alle ihn verlassen, gehalten in Gott, seinem Vater.
Und wir? Wo bleiben wir mit unseren Erfahrungen der Weglaufenden, mit unseren Enttäuschungen, unseren katechetischen Erfolglosigkeiten, unserem Glauben, der keinen mehr hinter dem Ofen hervorzulocken scheint?
Habt Mut! Lasst euch nicht entmutigen! Lasst euch nicht beirren! In der Welt, in dieser Welt, seid ihr in Bedrängnis. Aber habt Mut: Ich habe die Welt besiegt!, so ruft Jesus uns im heutigen Evangelium zu. Der glaubende Mensch darf sich mit Jesus Christus an Gott halten. Der glaubende Mensch darf in Gott Stand fassen, wir dürfen mit beiden Füßen im Himmel stehen, um in dieser bedrängten, enttäuschenden Welt leben zu können, um in dieser Welt weiter treu den Himmel zu verkünden, weiter hoffnungsvoll den offenen Himmel zu feiern, für uns selbst zur Ermutigung und für jeden, der sehen, erleben und vielleicht doch bleiben will.

139

TAGESGEBET

Gott,
du suchst Menschen, die von dir sprechen und der Welt deine gute
Botschaft weitersagen.
Hilf uns, Trägheit und Menschenfurcht zu überwinden und deine
Zeugen zu werden – mit unserem ganzen Leben.
Darum bitten wir durch Jesus Christus.

(Messbuch – Tagesgebete zur Auswahl 7)

FÜRBITTEN

Herr, Jesus Christus, wir glauben, dass du von Gott gekommen
bist, unser Retter und Heiland. Dich rufen wir an mitten in unserer Welt:

– Für alle, die sich schwer tun zu glauben, mitten in dieser Welt
  Gott zu trauen.
  (GL 529,1 »Richte uns wieder auf, Gott, unser Heil«)

– Für alle, die den Kontakt zur Gemeinschaft der Glaubenden
  verloren oder sich enttäuscht abgewandt haben.

– Für alle, die darunter leiden, dass ihr Zeugnis so wenige Menschen anrührt, die enttäuscht sind über den geringen Zuspruch
  ihrer Mühe.

– Für alle, die bitter geworden sind über die Ablehnung der Welt,
  die sich einigeln, weil sie sich nur noch missverstanden und abgelehnt fühlen.

Du, Herr, lässt uns nicht allein. Du weißt dich und uns getragen
vom Vater. Du schenkst uns den Beistand, den Heiligen Geist.
Mit dem Vater und dem Heiligen Geist loben und preisen wir dich
jetzt und in Ewigkeit. Amen.

LIEDVORSCHLAG

GL 297 »Gott liebt diese Welt«

Clemens Stroppel

Der Leben spendende Gott

Siebte Woche der Osterzeit: Dienstag

SCHRIFTTEXT

Joh 17,1–11a   Vater, verherrliche deinen Sohn!

VERKÜNDIGUNG

Der Tod Jesu ist kein Scheitern, kein Ende aller Hoffnung, kein Zusammenbruch aller Ideale, sondern der Übergang in die Herrlichkeit Gottes. Dieser Übergang vermittelt endgültiges Leben. Dieses Leben ist kein Egoismus, beschränkt auf Gott und Jesus, es will sich mitteilen in den Glaubenden. Sie sollen spüren, dass die Liebe Gottes stärker ist als der Tod.

Jesus nimmt die Seinen in sein fürbittendes Gebet, in diesen Dialog der Liebe zwischen sich und Gott. Wer in ein solches Gebet hineingenommen ist, kann nicht herausfallen und ins Bodenlose versinken. Wir gehören ein für allemal zu Gott – im Leben wie im Sterben.

Wer so Gott erkennt, wird frei von Projektionen, die das Gottesbild trüben, frei von Enge und Angst. Wo wir dem Gott Jesu begegnen, erfahren wir Lebendigkeit.

Wichtig ist darum für den Verfasser des Johannes-Evangeliums, dass wir *in* Christus bleiben. Wir, das sind Jüngerinnen und Jünger, Freundinnen und Freunde, Geschwister Jesu. Bewusst stellt der Verfasser auch Frauen wie Maria Magdalena oder die Samariterin in den Dienst der Verkündigung. Er schwimmt gegen den Strom der Zeit, die den Frauen solche Rechte abspricht. Stattdessen kommt ja alles darauf an, bei Jesus und unter seinem Wort zu bleiben. Er löscht den Durst, stillt den Hunger, erfüllt die Sehnsucht nach Leben. Er, der nicht mehr in der Welt ist, stärkt uns, die wir noch da sind; er pflanzt aber zugleich in uns die Sehnsucht hinein nach der anderen, der eigentlichen Welt, die alle Zerrissenheit in uns und in unserer Welt aufhebt.

TAGESGEBET

Gott.
Dich zu erkennen, gibt unserem Leben Sinn. Dich zu lieben, ist die tiefste Sehnsucht unseres Herzens. Du bist es, der uns lebendig macht.
Sei uns nahe in Jesus, dem Auferstandenen, der uns aus dem Dunkel des Todes in das Licht führt, in dem wir dich schauen dürfen von Angesicht zu Angesicht.
Darum bitten wir durch ihn, Jesus Christus.

FÜRBITTEN

Dir, Gott, dürfen wir uns zuversichtlich nahen, da Jesus unser Weg zu dir ist. Darum rufen wir:

- Lass keinen Menschen am Vordergründigen hängen bleiben und nach dem Vordergründigen beurteilt werden.

- Hilf allen Jüngerinnen und Jüngern Jesu, sich immer tiefer in seine Denkweise einzufühlen.

- Begleite die Menschen, die auf einem schweren und dunklen Weg gehen müssen.

- Lass allen, die verzagt sind, deine Herrlichkeit aufleuchten.

Denn du, Herr, begleitest uns in Zeit und Ewigkeit. Amen.

LIEDVORSCHLAG

GL 557 »Du höchstes Licht«

Wolfgang Gramer

Literatur: Ernst Käsemann, Jesu letzter Wille nach Johannes 17, Tübingen 1980.

Bewahren, nicht verkapseln

Siebte Woche der Osterzeit: Mittwoch

SCHRIFTTEXT

Joh 17,6a.11b–19   Sie sollen eins sein, wie wir eins sind

VERKÜNDIGUNG

Die nachwachsende Generation war zu allen Zeiten – auch heute, auch in den christlichen Kirchen – allergisch gegen Begriffe wie »behüten« und »bewahren«. Das ist also nichts Neues. Da steckt immer etwas von der Mentalität des ungebrochenen Welteroberers drin, aber auch etwas von der Unbefangenheit aus mangelnder Erfahrung. So gewinnen die Worte »bewahren« und »behüten« Klangfarben, die an Sterilität und Ängstlichkeit, an Abkapselung und Lernunwilligkeit, an Beratungsresistenz und Verschlossenheit erinnern.

In dem Fürbittgebet, das im Johannesevangelium dem Abschied nehmenden Jesus in den Mund gelegt wird, geht es um dieses Behüten und Bewahren. Gerade weil Jesus will, dass seine Jünger offensiv in die Welt hinausgehen, wünscht er, dass sie auf diesem Weg bewahrt, erhalten und gefestigt bleiben in dem, was er ihnen vermittelt hatte. Weil das uns anvertraute Gut einen hohen Lebenswert in sich birgt, liegt ihm daran, dass dieses Geschenk nicht verludert oder verwässert oder gar verspielt wird. Jesus hat uns etwas vom Wesen Gottes offenbart und erschlossen. Das sollen wir bewahren. Er hat einen Anteil an seinem Leben und seiner Liebe geschenkt. Das soll uns erhalten bleiben.

Das Johannesevangelium geht davon aus, dass der Widersacher Gottes Einfluss in der Welt hat. Trotzdem empfiehlt Jesus nicht Rückzug aus der Welt. Er empfiehlt auch nicht Abkapselung. Er will auch nicht, dass seine Jünger auf eine außerweltliche Wolke versetzt werden. Oder sich auf einer überweltlichen Insel einquartieren. Das Johannesevangelium rechnet mit dem Hass der Welt. Nach Jesu Tod und Auferstehung wurde das auf vielfältige Weise spürbar. Deshalb bittet Jesus darum, dass seine Jünger etwas von der Lebensart, die er ihnen vermittelt hat, durchhalten können. Sie sollen etwas von ihrer Herkunft durchtragen. Von der heiligenden und stärkenden Kraft seines Wortes hat er ihnen mitgeteilt. Er selber ist das stärkende und heiligende Wort. In der Lebensschule ihres Meisters haben die Freunde Jesu nicht nur erfahren, wie er dachte, redete, den Menschen begegnete. Er hat sie so sehr in diese Lebensschule hineingenommen, dass sie etwas von seiner Art annehmen konnten.

Wenn sie damit einer verschlossenen und feindseligen Welt begegnen sollen, müssen sie fest in ihrer eigenen Herkunft verankert sein. Wenn ihnen die letzte Konsequenz ihres Auftrags vor Augen steht – der Einsatz des Lebens, das lebensgefährliche Zeugnis –, bleibt es für sie lebensnotwendig, im Namen des Vaters bewahrt, in seinem Wesen beheimatet zu bleiben. Wenn das Wort der Wahrheit fruchtbar aller Welt vermittelt werden soll, müssen die Boten des Wortes sich stets neu durch diese Wahrheit heiligen, erneuern, stärken lassen. So entfaltet dieses Fürbittgebet des Abschied nehmenden Jesus für seine Jünger die beiden letzten Bitten des Vaterunser »und führe uns nicht in Versuchung, sondern erlöse uns von dem Bösen«.

TAGESGEBET

Gott der Liebe. Gott des Lebens.
Dein Sohn ist fürbittend für uns eingetreten. Ehe er von seinen Freunden Abschied nahm, hat er dir seine Sorge anvertraut: Seine Jünger sollen vor dem Bösen bewahrt bleiben. Sie sollen durch dein wahres Wort geheiligt werden. Sie sollen mit ihrem Auftrag in einer bedrohten Welt bestehen können. So danken wir dir für alle Kraft der Bewahrung, die du uns bis zu diesem Tag vermittelt hast.
So bitten auch wir: Bewahre uns vor dem Bösen. Heilige uns durch die Wahrheit. Lass uns in deiner Wahrheit aufatmen und leben.
Jetzt und jeden Tag.

FÜRBITTEN

Die uns durch den Evangelisten Johannes überlieferten Anliegen Jesu wollen wir uns zu Eigen machen und in seinem Sinn beten:

– Für alle christlichen Kirchen: Bewahre sie vor ängstlicher Welt-
flucht und ansteckender Resignation.
(Bewahre sie in deinem Namen.)

– Für alle, die in unseren Kirchen Verantwortung übernommen
haben: Bewahre sie vor feiger Anpassung und kurzsichtiger Ver-
götzung der Welt.

– Für alle, die in unsere Gemeinden hineinwachsen sollen und
wollen: Bewahre sie vor schleichenden Bedrohungen und nicht
gedeckten Erwartungen.

– Für uns alle, die sich heute hier versammelt haben: Bewahre
uns vor versteckten Verblendungen und unausrottbaren Illusionen.

So bitten wir durch Jesus Christus, unseren Herrn, der mit dir und
deinem Geist lebt und bleibt, jetzt und immer. Amen.

LIEDVORSCHLAG

GL 298 »Herr, unser Herr, wie bist du zugegen«

Anton Bauer

Alle sollen eins sein –
oder: die Chance der Verschiedenheit

Siebte Woche der Osterzeit: Donnerstag

SCHRIFTTEXT

Joh 17,20–26   Sie sollen eins sein, wie wir eins sind; sie sollen
vollendet sein in der Einheit

VERKÜNDIGUNG

Statt einer Ouvertüre mute ich Ihnen zur Einführung in unsere
Feier ein furioses Finale zu. Es handelt sich nämlich beim heutigen Evangelium um den letzten Abschnitt der so genannten Abschiedsreden Jesu im Johannes-Evangelium, eingeschoben zwischen die Berichte von der Fußwaschung und Jesu Gang zum
Ölberg. Abschiedsworte haben ein besonderes Gewicht, sind wo-
möglich Vermächtnisse, dazu angetan, den Fortbestand des Bis-
herigen zu sichern oder dem letzten Willen des Redenden Geltung zu verschaffen. Wunsch und Wille des Redenden sind im
vorliegenden Text klar formuliert: Alle sollen eins sein. Wer sind
alle? Alle, die an Gott glauben, an Gott, wie er durch Wort und
Tat von Jesus und den Aposteln nahe gebracht wird. Alle, das sind
diejenigen, die – gerufen durch Gottes Wort – in der Gemeinde
sich versammeln, die Gott loben und danken für das, was sie empfangen haben und zukünftig empfangen werden: für das Geschenk
der Liebe Gottes, erkennbar am Eins-Sein der Glaubenden.
Ein frommer Wunsch, der damaligen Gemeinde ins Stammbuch
geschrieben. Und uns? Uns natürlich auch, doch davon später.
Zunächst ist es die johanneische Gemeinde, die der Text im Blick
hat und für die hier gebetet wird. Und wenn diese Bitte um Einheit so eindringlich geäußert wird, dann legt sich die Vermutung
nahe, dass diese schon in damaliger Zeit gefährdet war. Und in der
Tat belegen sowohl die Paulusbriefe wie auch die Apostelgeschichte, dass die Einheit in den urkirchlichen Gemeinden eine
immer wieder neu zu bewältigende Aufgabe war.
Und heute? Heute ist die Entzweiung unter den Christen längst
Institution. Verschiedene »Konfessionen«, katholisch, protestan-

tisch, orthodox, freikirchliche Gruppen und Grüppchen – und alle nehmen das Prädikat »christlich« für sich in Anspruch. Ist das noch christlich? Alle sollen eins sein, *ein* Leib Christi und *ein* Geist. Ja, es ist ein himmelschreiender Skandal, dass ausgerechnet das Abendmahl, das Zeichen der Einheit, in unserer Zeit zum Zeichen der Zertrennung geworden ist. Solange uns dieser Umstand schmerzt, hält er unser Bewusstsein wach und lässt uns nachdenken über Veränderung. Das ist schon etwas. Andererseits: Hat nicht auch die Verschiedenheit ihre Vorzüge? Haben wir nicht den Reichtum an Kultur, wie er auf dem Boden des Christentums entstanden ist, dieser Vielfalt geistiger Strömungen zu verdanken?

Ich denke, dass unsere plurale Gesellschaft und die vielen christlichen Gemeinschaften für uns eine wichtige Aufgabe beinhalten. Die Aufgabe, Toleranz zu lernen, einander mit Achtung zu begegnen, ohne abwertende Vormeinung und im Bewusstsein, der oder das andere könnte vielleicht auch das Bessere sein. Freilich, es bleibt das Vermächtnis, die Einheit unter den Christen nicht aus den Augen zu verlieren. Auch wenn sie sich noch so ernsthaft bemühen, die Konfessionen und christlichen Gemeinschaften, das »Ganze« sind sie nie. Das Ganze ist Christus. Und so gilt auch noch heute, was im 1. Korintherbrief steht: »Es sind mancherlei Gaben, aber es ist ein Geist. Und es sind mancherlei Ämter, aber es ist ein Herr. Und es sind mancherlei Kräfte, aber es ist ein Gott, der da wirket alles in allen.« Es tut gut, um dieses gemeinsame Fundament zu wissen, um diesen fruchtbaren Boden. Wenn wir diesen Boden pflegen, mit unserem Können und Gottes Hilfe, dann müsste eigentlich Gutes darauf wachsen. Je vielfältiger, desto besser.

Bitten wir Gott um sein Erbarmen in unserem Bemühen.

TAGESGEBET

Guter und geduldiger Gott,
du rufst uns zum Eins-Sein zusammen. Wir nehmen Trennendes wahr, das schmerzt, aber auch Vielfalt an Leben, das dieser Schmerz geboren hat.

Umhülle uns mit deiner Liebe, die Zertrenntes verbindet und Schmerz in Freude wandelt.
Darum bitten wir durch Jesus Christus, unseren Bruder und Herrn.

FÜRBITTEN

Alle sollen eins sein – so lautet der Auftrag an uns Christen. Wie werden wir dieser Aufgabe gerecht? Dich, Gott, bitten wir im Namen Jesu:

- Öffne den Blick in den unterschiedlichen Konfessionen für das Verbindende.

- Stärke die Gemeinden in ihrem Zusammenhalt und hilf ihnen, die unterschiedlichen Formen des gläubigen Lebens wertzuschätzen.

- Stärke unter den entmutigten Christen das Bewusstsein, dass die Frohbotschaft Jesu Zukunft hat in unserer Zeit.

- Sei du mit allen Menschen guten Willens, damit die Liebe Raum gewinnt.

Gott, du bist mit uns in unserem Mühen. Wir danken dir für deine Treue heute und alle Tage, bis in Ewigkeit. Amen.

LIEDVORSCHLAG

GL 640 »Gott ruft sein Volk zusammen«

Suse Mandl

Angefragte Liebe

SCHRIFTTEXT

Joh 21,1.15–19   Weide meine Lämmer! Weide meine Schafe!

VERKÜNDIGUNG

»Liebst du mich?« – Wer so fragt, der liebt, leidet, ringt um den anderen und um sich selbst.

»Liebst du mich?« – so fragen Frischverliebte, die sich ihres gegenseitigen Gefühls der Zuneigung vergewissern wollen, Klarheit in ihrer Liebe suchen: Wie weit kann und darf ich mich einlassen? Wie viel ist der andere bereit, von sich zu geben, aus freien Stücken, aus Sehnsucht und Verlangen?

»Liebst du mich?« – so fragen auch Liebende, die schon weite Strecken gemeinsam zurückgelegt haben und ihre Liebe besiegeln wollen; vielleicht weil sie spüren, dass ihr »Ja« zueinander seine Kraft verloren hat oder Störungen vernehmbar sind, welche diese Liebe anfragen lassen.

Jesus fragt den Petrus dreimal am See von Tiberias. Hinter dem Auferstandenen liegt sein Sterben und sein Tod. Nur wenige haben ihn ins Äußerste hinein begleitet. Petrus, der sich seiner Liebe zu Jesus so sicher war, dass er sich hinreißen ließ zu sagen: »Mein Leben will ich für dich hingeben« (Joh 13,37), konnte diese Liebe nicht einlösen. Auf halber Strecke ist er eingebrochen, hatte keine Kraft mehr, Angst um sich selber, und verleugnete schließlich im Hof des hohenpriesterlichen Palastes diese Liebe – dreimal. Petrus wollte seiner Liebe treu bleiben und konnte es doch nicht. In den Abschied von Jesus mischen sich die Enttäuschung und Trauer über sich selber, das Gefühl, versagt zu haben.

Die erste *persönliche* Begegnung, die der Auferstandene mit Petrus sucht, kann an dieser Wirklichkeit nicht vorbeigehen. Sie muss angesprochen werden, damit der Weg miteinander weitergehen kann. Jesus fragt nach der Liebe des Petrus, die aus der Euphorie der ersten Begeisterung in die Krise geraten ist, die Grenzen der Realität schmerzlich erfahren hat, und dennoch an Jesus festhält.

Aus der Anfrage und der Antwort des Petrus erwächst zugleich der Auftrag, den Jesus dem Petrus zugedacht hat. Beides widerspricht sich nicht. Es scheint, dass er seinen Auftrag nur in rechter, christusgemäßer Weise ausführen kann, wenn er um die Grenzen seiner Liebe weiß. Es scheint, dass das Zutrauen von Jesus aber auch die Türe öffnet zu neuem Wachsen in der Liebe. Es scheint, dass die Liebe im Bewusstsein ihrer Grenzen immer tiefer zur Hingabe wird, sich ausstreckt und führen lässt von der Liebe Gottes, die größer ist als unser Herz (1 Joh 3,20).

Anne Morrow Lindbergh schreibt: »Wenn man jemanden liebt, so liebt man ihn nicht die ganze Zeit, nicht Stunde um Stunde auf die ganz gleiche Weise ... Wir verlangen Beständigkeit, Haltbarkeit, Fortdauer; und die einzig mögliche Fortdauer des Lebens wie der Liebe liegt im Wachstum, im täglichen Auf und Ab – in der Freiheit ... Die einzig wirkliche Sicherheit liegt nicht im Soll und Haben, im Fordern oder Erwarten, ... weder im sehnsuchtsvollen Verlangen nach dem, was einmal war, noch im angstvollen Bangen vor dem, was kommen könnte, sondern allein im lebendigen Bekenntnis zum Augenblick« (Anne Morrow Lindbergh, Muscheln in meiner Hand, Stuttgart 1983, 87).

Das Bekenntnis aber verlangt nach der Frage: »Liebst du mich?«

TAGESGEBET

Gott, du bist die Liebe.
In den Gesten und Worten der Liebenden, in ihrem überschwänglichen Gefühl und in ihrem treuen Durchhalten bist du gegenwärtig.
Berühre unsere Herzen, damit wir dir freudig antworten, wenn du nach unserer Liebe fragst.
Darum bitten wir durch Jesus Christus.

FÜRBITTEN

Jesus Christus. Deine Liebe ist stärker als der Tod, kraftvoller als unser Unvermögen und unsere Unbeständigkeit in der Liebe. Daher bitten wir dich:

– Um Klarheit für die Liebenden und den Mut, die Liebe zu befragen und anfragen zu lassen.

– Um Wachstum in Zeiten der Krisen, wenn vieles in Frage gestellt wird.

– Um Gespür für das Tragende, wenn Sicherheiten zerbrechen.

– Um Gnade, deine Liebe zu uns annehmen zu können.

Jesus Christus. Wie du den Petrus angesprochen hast, so komme auch uns entgegen und bereite unser Herz für die Begegnung mit dir – heute und in deiner Ewigkeit. Amen.

LIEDVORSCHLAG

GL 299,1–4 »Manchmal kennen wir Gottes Willen«

Jens Göltenboth

Es gibt mehr zu glauben als zu lesen

Siebte Woche der Osterzeit: Samstag

SCHRIFTTEXT

Joh 21,20–25   Dieser Jünger ist es, der all das aufgeschrieben hat, und sein Zeugnis ist wahr

VERKÜNDIGUNG

Die Osterzeit geht zu Ende. Damit ist aber das österliche Leben der Christen und der ganzen Kirche nicht am Ende. Wir lesen heute den Schluss des Johannes-Evangeliums. Damit ist aber noch lange nicht alles gesagt. Die Jesus-Geschichte kennt kein Ende. Sie geht weiter bis zum Kommen des auferstandenen Christus. Und auch dann gibt es kein Ende, vielmehr Vollendung.

Bis dahin aber setzen wir auf die Ur-Kunde des Glaubens. Wir lesen in der Heiligen Schrift, wie Gottes Geist Menschen in die Nachfolge Jesu Christi gerufen hat. Wir vertrauen darauf, dass dies auch heute geschieht. Wir wissen, dass wir selbst in die Nachfolge gerufen sind und so Gottes Geist in unserem Leben und durch unser Leben in der Welt wirken will.

Der biblische Text ist abgeschlossen. Der Bibel als Buch wird nichts hinzugefügt. Die biblische Offenbarung aber geht weiter, wird fortgeschrieben. Zum einen gehen uns immer wieder neu die Augen auf über das, was wir erkennen und verstehen, wenn wir die Heilige Schrift lesen oder daraus hören; zum anderen werden uns die Lebensgeschichten von Menschen als Offenbarungsgeschichten zugänglich. Wir entdecken in den Lebensgeschichten heutige biblische Erfahrungen, weil der Gott Abrahams, Isaaks und Jakobs auch als Gott und Vater Jesu Christi Menschen in ihrem Leben berührt und ergreift. Viele Lebensgeschichten sind spannend wie biblische Erzählungen. Sie offenbaren bei näherem Betrachten die Glaubensgeschichte der von Gott betroffenen Menschen. Viele solcher glaubensvollen Lebensgeschichten sind als »Leben der Heiligen« aufgeschrieben worden; viele aber auch nicht.

Wichtig ist, dass wir lernen, in unserem eigenen Lebenslauf mit der »biblischen Brille« lesen zu können. Dann ist der Blick geöffnet, um sowohl im eigenen Leben als auch im Leben meiner Nächsten wahrnehmen zu können, wie sich Gottes Wirken offenbart – oft sehr verborgen, aber folgenreich und nachhaltig.

TAGESGEBET

Gott, du unser mütterlicher Vater.
In deinem Sohn bist du uns nahe gekommen. So teilst du in ihm unser Leben. Wir sind oft blind für deine liebende Gegenwart und taub für dein wegweisendes Wort. Doch wirkt auch in unserem Leben dein Heiliger Geist.
Öffne am Ende dieser österlichen Zeit unseren gläubigen Sinn für deine verborgene Gegenwart. Lass uns im Licht dessen, der sich auch heute offenbaren will, unseren Weg gemeinsam gehen.
Darum bitten wir dich, allmächtiger Gott, durch Christus, deinen Sohn, der mit dir in der Kraft des Heiligen Geistes lebt und waltet alle Tage bis in Ewigkeit.

FÜRBITTEN

Oft wissen wir nicht, worum wir in rechter Weise bitten sollen. Und doch wissen wir genauso, dass es mehr Gebetsanliegen gibt als die, die wir in Worte fassen. So versuchen wir, vor Gott zu tragen, was uns zuinnerst bewegt. Lasst uns darum beten:

- Für all jene, die uns anvertraut sind und deren Lebensweg wir begleiten.

- Für alle, die in dieser österlichen Zeit getauft wurden oder auf andere Weise einen wirklichen Neuanfang gewagt haben.

- Für uns selbst in unserem Bemühen, in der eigenen Lebensgeschichte die Spuren Gottes zu entdecken.

- Für unsere Verstorbenen, besonders für jene, die einen besonderen Platz in unserem Herzen haben.

Himmlischer Vater, du hast uns verheißen, alle Tage bei uns zu sein. Lass es uns täglich neu erfahren durch Christus, unseren Bruder und Herrn. Amen.

LIEDVORSCHLAG

GL 248, insbesondere die Strophen 2–4 »Nun bitten wir den Heiligen Geist«

Peter Fromm

Der Geist ist eine verzaubernde Sache

Pfingstsonntag

ERÖFFNUNG

Wir begehen den fünfzigsten Tag von Ostern. Sieben Wochen sind
es her, seit wir das Halleluja in der Osternacht angestimmt haben.
Sieben Wochen lang erwägt die Kirche – und wir in ihr – das Geheimnis der Auferstehung. 50 Tage lang gehen wir den Osterweg.
Heute feiern wir den Auferstandenen, dessen Geist uns ergreift.
Wir feiern den Sturm des Geistes, der an uns rüttelt und uns
durchweht. Wir feiern das Feuer, das uns läutert und manchmal
aus uns sprüht. Wir feiern das Wort, das jeder in seiner Sprache
verstehen kann. Die Tage von Ostern erfüllen sich, das Geschehen von Ostern wird bleibend. Der Geist des Auferstandenen beseelt seine Jünger und uns mit ihnen. Darum spricht der Eröffnungsvers von Erfüllung. Er lautet:

> Der Geist des Herrn erfüllt den Erdkreis.
> In ihm hat alles Bestand.
> Nichts bleibt verborgen vor ihm. Halleluja. (vgl. Weish 1,7)

Tragen wir vor unseren Gott die Leere, das Geistlose, die Vorbe-
halte. Halten wir ihm hin, was uns stumm gemacht hat. Geben wir
ihm unser Verborgenes preis, damit Licht und Luft, Fülle und Duft
unseren innersten Raum durchwehen. Der Geist ist eine verzaubernde Sache – hat die amerikanische Schriftstellerin Marianne
Moore gedichtet. Ein paar Zeilen ihres Gedichts sollen uns öffnen
und die dunklen Schleier unserer Seele lüften.

> DER GEIST IST EINE VERZAUBERNDE SACHE
> ist eine verzauberte Sache
> …
> er reißt den Schleier fort; reißt
>   die versuchung, den
> vom herzen getragenen nebel,

von seinen augen – wenn das herz
ein gesicht hat; er beseitigt
trübsinn. Er ist ein feuer in des taubenhalses

schillern;

...

(Marianne Moore)

LIED

GL 241 »Komm, Heilger Geist, der Leben schafft«

Anton Seeberger

Feiertage und Gedenktage

Jesus Christus ist der Herr

Christi Himmelfahrt

VORBEMERKUNG

Der Gottesdienstentwurf verbindet die Flur-/Bittprozession mit
der Eucharistiefeier zum Festtag. Am Beginn steht eine Statio in
der Kirche; es folgen auf dem Weg zwei Stationen mit Bittgebe-
ten; der Wortgottesdienst mit der Verkündigung des Evangeliums
wird ebenfalls unterwegs gefeiert (in unserer Gemeinde auf dem
freien Platz vor dem Altenpflegeheim, sodass einige der Heimbe-
wohnerinnen und -bewohner der Feier beiwohnen können); zur
Mahlfeier finden sich dann alle wieder in der Kirche ein.

BEGRÜSSUNG

Jesus Christus, vom Tod erweckt – er ist bei Gott. Der Erniedrigte
ist erhöht! In ihm sind Himmel und Erde miteinander verknüpft.
Das feiern wir im besonderen Gottesdienst dieses Tages. Zuerst
werden wir uns zur Bittprozession auf den Weg machen. Den
Wortgottesdienst feiern wir dann vor dem Altenheim, die Mahlfeier begehen wir wieder hier in unserer Kirche.
Auf den Herrn, der uns nahe ist, vertrauen wir und drücken dieses Vertrauen aus mit unserem Lied.

Lied GL 290,1–2 »Gott wohnt in einem Lichte«

Es ist eine uralte Versuchung der Christen, sich von der Welt zu-
rückzuziehen: entweder aus Enttäuschung über Gott, der sich so
wenig deutlich zeigt, der all das Schreckliche zulässt, was um uns
herum passiert; oder aus Enttäuschung über die unbelehrbare Welt,
der der Weg Jesu doch angeboten ist, und die dafür kein Ohr hat.
Ein Christentum aber, das sich in eine fromme Nische verkriecht,
das tadellos, aber eben auch tatenlos dahinlebt, das entspricht
nicht der Auffassung Jesu Christi.
Wir wollen dem Himmel und der Erde treu sein und bei unserem
Umgang die Anliegen der großen und weiten Welt im Herzen tragen. So beten wir zu Beginn:

Gebet

Gott, in der Erhöhung deines Sohnes Jesus Christus zeigst du uns, dass deine Liebe die ganze Welt umfangen will. Wir bitten, mach unsere Herzen weit, dass wir deine Sorge um die Welt zu unserer Sorge machen, dass wir deine treuen Zeuginnen und Zeugen sind, Freundinnen und Freunde des Lebens, wie du selbst es bist. Der du lebst und wirkst in alle Ewigkeit. Amen.

Wir machen uns nun auf den Weg und ziehen mit Gebet und Lied zur ersten Station unseres Bittgangs.

ERSTER WEGABSCHNITT

Lied   GL 303,1–2 »In Gottes Namen fahren wir«

Psalmgebet auf dem Weg

GL 731/1 »Der Herr krönt das Jahr mit seinem Segen« mit 731/2
        (Psalm 65)

ERSTE STATION

Thema

Wir beten hier in den Anliegen einer gerechteren, friedvolleren Welt.

Schrifttext   Joh 20,19–23

Fürbittgebet

Zu unserem Herrn, dem Herrn der Welt, dem Herrn aller Völker, lasst uns beten:

– *(aktuelle Konflikt- und Spannungssituationen)*
  Wir bitten für diejenigen, die Verantwortung und Macht haben, die nötigen Schritte zu tun, um die verfeindeten Parteien zu einer gerechten Vereinbarung zu bewegen.

- *(aktuelle Kriegssituation)*
  Wir bitten für die Menschen, auf deren Rücken ein Krieg ausgetragen wird, schenke ihnen die Hoffnung auf eine friedlichere Zukunft.

- *(aktuelle Attentatsgeschichte o. Ä.)*
  Wir bitten für die Toten: Schenke ihnen deinen ewigen Frieden. Gib den Schwerverletzten Hoffnung auf Genesung und stärke die Hinterbliebenen.

- Noch viele Länder auf unserer Erde sind von Gewalt gezeichnet. Wir bitten für die Verantwortlichen: Gib ihnen den Mut, den Frieden zu suchen und den Weg des Friedens zu gehen.

Herr Jesus Christus, höre und erhöre uns. Der du lebst und wirkst in alle Ewigkeit. Amen.

Segensbitte

Du, Gott des Friedens, erwärme unsere Herzen durch das Feuer des Geistes, beflügle unsere Gedanken und setze unsere Kräfte in Bewegung, so dass Gerechtigkeit wächst und der Friede für alle wahr wird. Dazu segne uns der getreue Gott, der Vater, der Sohn und der Heilige Geist. Amen.

Lied   GL 267,1.3–4 »Nun danket all und bringet Ehr«

ZWEITER WEGABSCHNITT

Gebet auf dem Weg

GL 765 Jesuslitanei

Lied   GL 303,3–6 »In Gottes Namen fahren wir«

ZWEITE STATION

Thema

Wir denken hier und heute an die ganze Schöpfung, die bedroht ist, und wir erbitten Gottes Segen für all das, was uns hier auf unseren Fluren, auf den Feldern und in den Gärten zuwächst – wie ein großes Geschenk. Wir bitten aber auch um einen gerechten Ausgleich der Gaben unter den Menschen und Völkern dieser Erde.

Schrifttext   Dtn 8,7–14.17f

Fürbitten

Zu Gott, dem Schöpfer der Welt, lasst uns beten:

– Öffne allen Menschen die Augen für die Schönheit und den Reichtum der Natur, damit die Zerstörung unseres Lebensraums ein Ende nimmt.

– Zeige uns Wege, wie wir vom Überfluss unseres Landes abgeben können und die Ernten dieser Erde gerecht verteilen, damit kein Mensch in Hunger und Elend leben muss.

– Hilf uns allen, besonders den Verantwortlichen in Wissenschaft und Politik, Menschen, Tiere und die Natur als Geschöpfe aus deiner liebenden Hand zu achten.

Für deinen Geist, Herr, öffne uns. Lass uns dich sehen und erkennen! Und hilf uns, verantwortlich vor dir zu leben. Durch Christus, unseren Herrn. Amen.

Segensbitte

Herr, unser Gott, du schenkst Wachstum und Gedeihen. Segne die Felder, die Gärten und die Wälder. Segne alle Menschen, die dort arbeiten. Gib uns allen einen wachen Sinn für das Geschenk der Schöpfung und für das Wohl aller Mitgeschöpfe. Der Segen Gottes komme über unser Land, über die weite Erde, der Segen des Vaters, des Sohnes und des Heiligen Geistes. Amen.

DRITTER WEGABSCHNITT

Gebet auf dem Weg

GL 762 Allerheiligenlitanei (Auszüge) oder
Rosenkranzgesätz: Jesus, der in den Himmel aufgefahren ist

DRITTE STATION: FEIER DES WORTGOTTESDIENSTES

Evangelium   Mt 28,16–20 (Lesejahr A)

Ansprache

(mit Gedanken aus: Franz Kamphaus, Wenn Gott in die Quere kommt, Freiburg 2000)

Ein Theologiestudent in den ersten Semestern kommt ins Examen. Der Professor fragt: »Wer leitet die Kirche?« Der Student antwortet: »Jesus Christus!« Darauf der Professor: »Aber das wollen wir hier doch nicht hören!«
Hier aber, hier wollen wir es hören als Botschaft des heutigen Festtages: Jesus Christus ist der Herr! Er ist der Herr der Kirche und er ist der Herr der Welt.
Und wir feiern ihn, den Erhöhten, den zu Gott Erhobenen, den Herrn, der wirklich sagen kann: »Mir ist alle Macht gegeben im Himmel und auf Erden!«

Er ist der wirkliche Herr, mehr als alle Herren in den Leitungs-etagen der Kirche, mehr als alle Herrscher der Welt, mehr als alle Mächte und Gewalten der Erde.

Dieser Christus ist erhöht. Er ist in der Welt Gottes, aber er ist deswegen nicht fernab; er ist bleibend der Welt zugewandt, in der ganzen Menschenliebe, die ihn auszeichnet.

Er ist der, der selbst sein Leben in die Waagschale geworfen hat; er ist der Herr, der sich ganz den Erniedrigten und Kleinen zuge-wandt hat, nicht von oben herab; sondern an ihrer Seite, mit ih-nen tragend und leidend. Er ist der verwundete Herr, der sich lie-ber selbst verwunden ließ, als dass er andere verwundete. Er ist der Herr!

Wenn wir uns darin einig sind, dann könnten wir uns jetzt ja ein-fach in Ehrfurcht vor ihm verneigen und unseren Gottesdienst gleich zu Ende feiern und dann wieder zum Alltag übergehen. Und in der Tat – oft machen wir es ja auch so – und meinen, es ge-nüge!

Dann haben wir freilich ein Problem: Denn dieser Herr braucht keine Menschen, die ihn nur verehren, die ehrfürchtig vor ihm niederfallen. Dieser Herr ist nicht zufrieden mit unseren verbalen Glaubensbekenntnissen, er will mehr von uns!

Mir geht die ganze Zeit über ein Zitat des evangelischen Theolo-gen Dietrich Bonhoeffer durch den Kopf, der in den leidvollen Jah-ren des Nationalsozialismus und der Judenverfolgung in unserem Land sinngemäß einmal gesagt hat: »Nur wer in dieser Zeit für die Juden eintritt, hat auch ein Recht darauf, gregorianisch zu sin-gen!«

Auf unsere Zeit hin angewandt hieße das etwa: Nur wer in dieser Woche zumindest eine Stunde seiner Zeit eingesetzt hat für einen Kranken, einen Einsamen, einen Ungeliebten in der Verwandt-schaft oder Nachbarschaft, nur wer sich in dieser Woche einem Kind in der Familie, oder einem Enkelkind ganz bewusst zuge-wandt hat, nur wer wirklich ein Signal der Freude gesetzt, ein Zei-chen der Ermutigung und der Aufmerksamkeit oder der Solida-rität verschenkt hat: nur der hat ein Recht, auch die Lieder vom erhöhten Jesus Christus in den Mund zu nehmen. Denn dieser Je-sus Christus, der Herr, der wirkliche Herr, er sucht nicht Vereh-rer, sondern er sucht solche, die ihm nachfolgen.

Dass wir heute in der Prozession mit ihm unterwegs waren, das kann schon ein Anfang sein, aber es ist sicher nur ein Anfang! Wohin wir uns auf den Weg machen sollen?

Von einem weisen, jüdischen Rabbi ging die Sage, dass er jeden Morgen vor dem Frühstück zum Himmel aufstieg. Ein Gegner dieses Weisen lachte darüber und legte sich vor Morgengrauen auf die Lauer. Da sah er: Der Rabbi verließ als Holzknecht verkleidet sein Haus und ging in den Wald. Der feindselige Beobachter folgte von weitem. Er sah den Rabbi Holz fällen und in Stücke hacken. Dann lud der Rabbi sich das Holz auf den Rücken, schleppte es in das Haus einer armen, kranken, alten Frau. Durchs Fenster sah er den Rabbi auf dem Boden knien und den Ofen anzünden. Als die Leute ihn später fragten, was es denn nun auf sich habe mit der täglichen Himmelfahrt des Rabbi, da sagte er: »Er steigt noch höher als bis in den Himmel!«

In diesem Sinn uns allen – eine gesegnete Himmelfahrt, in der Nachfolge unseres Herrn.

Antwortlied   GL 257,10–11 »Alle Tage wollen wir«

VIERTER WEGABSCHNITT:
ZUR KIRCHE – FEIER DER EUCHARISTIE

Segenswort

Gott segne uns und behüte uns.
Gott gebe uns Liebe, wo Hass ist,
Kraft, wo Schwachheit lähmt,
Toleranz, wo Ungeduld herrscht,
Offenheit, wo alles festgefahren scheint.
So sei Gottes Segen mit uns allen,
beflügle unsere Hoffnung
und begleite uns wie ein Licht in der Nacht.
Es segne uns Gott, der Vater, der Sohn und der Heilige Geist.
Amen.

Wolfgang Schrenk mit Vorbereitungsteam

Arbeit gestaltet die Welt

Gottesdienst zum 1. Mai

SCHRIFTTEXT

Lk 4,14–22a   Der Geist des Herrn ruht auf mir

VERKÜNDIGUNG

Die Kirche hat reagiert. Seit Papst Pius XII. feiern wir am 1. Mai das Fest Josefs des Arbeiters. Am 1. Mai 1889 von der internationalen Arbeiterbewegung als »Tag der Arbeit« ausgerufen wird er von den Gewerkschaften bis heute mit Kundgebungen und Demonstrationen lautstark als Kampftag gegen Arbeitslosigkeit und für gerechten Lohn und die Verbesserung von Arbeitsbedingungen begangen.

Und damit kommt uns als Arbeiter kein Geringerer in den Blick als Jesus selbst, der in der Werkstatt seines Vaters Josef das Zimmermannshandwerk erlernt und bis zu seiner Lebenswende im Alter von dreißig Jahren ausgeübt hat. Jesus, der Kollege von vielen Frauen und Männern, die am Abend zufrieden mit ihrer Leistung oder zerschlagen und geschafft von der Anstrengung heimkommen; Kollege auch derer, denen man den Arbeitsplatz weggenommen hat und die dadurch in ihrem Selbstwertgefühl schwer angeschlagen und vielleicht auch auf eine Rutschbahn in die Armut geraten sind.

Was hat er heute zu sagen? Was würde er bei einer Kundgebung am »Tag der Arbeit« betonen? In der Sozialenzyklika »Laborem exercens« charakterisiert ihn Papst Johannes Paul II. so: »Die Sprache des Lebens Christi ist eindeutig: er gehört zur Welt der Arbeit, anerkennt und achtet die menschliche Arbeit. Man kann sogar sagen: er schaut mit Liebe auf die Arbeit und ihre verschiedenen Formen.« (LE 26)

Dürfen wir interpretieren: Diese Liebe bedeutet Solidarität, Anerkennung dessen, was durch Arbeit in dieser Welt bewirkt wird. Sie bedeutet auch die Wachheit dafür, wenn Arbeit die einen all zu sehr belastet und andere zur Untätigkeit verurteilt sind.

Nachdem Jesus seine Berufung erkennt, die Werkstatt in Nazaret verlässt, bei der Taufe und dem anschließenden Wüstenaufenthalt mit der Kraft des Geistes Gottes ausgerüstet ist, ergreift er in der Synagoge seiner Heimatstadt das Wort. Der Sohn Josefs scheut sich nicht, sich zum Hoffnungsträger für die Armen, Leidenden und Niedergeschlagenen aufzuschwingen. In prophetischer Kühnheit verspricht er ihnen durch sein eigenes Wirken die Veränderung ihrer traurigen Lebenssituation.

Der Widerstand, der Jesus schon in Nazaret entgegenschlägt und der in seiner Hinrichtung am Kreuz in Jerusalem gipfelt, zeigt, wie viel geduldiges Vertrauen die aufbringen müssen, die ihm glauben. Aber Glauben kann auch zum Handeln führen. Besser als teilnahmslos abzuwarten, wie die Dinge sich entwickeln, ist gerade für die auf ihn Hörenden, sich in Wirtschaft und Gesellschaft einzumischen und auf Jesu Maßstäbe aufmerksam zu machen.

Das hat Papst Johannes Paul getan, als er am 1. Mai des Heiligen Jahres 2000, ausgehend von der Feststellung, »dass die Organisation der Arbeit nicht immer der Würde der menschlichen Person Rechnung trägt«, mahnte: »Die Verpflichtung, diese Probleme zu lösen, ruft alle auf den Plan. Sie geht euch an, Unternehmer und Führungskräfte, Finanzwelt, abhängige Arbeitnehmer. Alle müssen wir uns dafür einsetzen, dass das Wirtschaftssystem, in dem wir leben, die grundlegende Ordnung des Vorranges der Arbeit vor dem Kapital und des Gemeinwohls vor den Privatinteressen nicht zerrüttet.«

Das haben die Bischöfe der deutschen Kirchen getan, als sie den Anspruch der Menschen auf Lebens-, Entfaltungs- und Beteiligungschancen zu einem »Menschenrecht auf Arbeit« erklärten.

Das tun Männer und Frauen der Katholischen Arbeitnehmer-Bewegung, die ihr Grundsatzprogramm ernst nehmen und deshalb soziale Missstände aufzeigen, anklagen und verändern wollen, um so an der Verwirklichung des Reiches Gottes mitzuschaffen.

Das tun Gewerkschaften und Betriebsräte, die heute bei Mai-Kundgebungen von ihren Aktionen gegen Betriebsstilllegungen und Entlassungen, gegen den Abbau des Sozialstaates und für den Schutz des Sonntags berichten.

Wir alle können es tun, wenn uns nicht gleichgültig ist, ob Finanzströme unsere globalisierte Welt beherrschen und viele Menschen zum Spielball von Gewinnspekulationen werden oder ob im Mittelpunkt der wirtschaftlichen Aufmerksamkeit der Mensch steht. Schließlich wird mit der Arbeit des Menschen, der damit Anteil hat an der Schaffenskraft Gottes, die Welt gestaltet.

TAGESGEBET

Gott, du Schöpfer der Welt,
du hast uns Menschen die Erde anvertraut. Durch unsere Arbeit sollen wir sie gestalten und entwickeln. Deshalb hast du uns Fähigkeiten und Begabungen geschenkt.
Gib uns auf die Fürsprache des heiligen Josef, des Arbeiters, der deinen Sohn in seiner menschlichen Berufstätigkeit begleitet hat, Kraft und Ausdauer, damit wir diesen Auftrag erfüllen. Lass uns so mitwirken an deinem Plan, die Schöpfung ihrer Vollendung entgegenzuführen.
Darum bitten wir durch Jesus Christus.

FÜRBITTEN

Jesus Christus, der Sohn des Zimmermanns Josef und Gottes Sohn, ist mit der Arbeit seiner Hände und seines Geistes in dieser Welt tätig gewesen und hat der menschlichen Arbeit eine besondere Würde gegeben. Ihn bitten wir:

- Für alle Menschen, die ihrer täglichen Arbeit nachgehen: dass diese ihnen außer dem notwendigen Lebensunterhalt Sinn und Zufriedenheit gibt und auch ihren Mitmenschen Segen bringt.

- Für die Arbeitslosen und die um ihren Arbeitsplatz bangenden Menschen: dass sie die Hoffnung bewahren und nicht mutlos werden, dass sie Solidarität und Hilfe erfahren – auch durch die Bereitschaft, Arbeit zu teilen.

- Für die Frauen und Männer in den Gewerkschaften und in unseren kirchlichen Verbänden: dass sie die Zeichen der Zeit erkennen und sich in Wirtschaft und Gesellschaft einsetzen für Menschenwürde und Gerechtigkeit.

– Für die Verantwortlichen in Politik und Wirtschaft, in Unternehmensleitungen und Betriebsratsgremien: dass sie offen sind für neue Ideen, um Arbeit für alle zu ermöglichen, in unserem Land und weltweit.

Gott, du willst, dass die Güter der Erde allen Menschen zugute kommen. Lass uns in deinem Sinne handeln und stärke uns mit deinem Geist. So bitten wir durch Jesus Christus, unseren Bruder und Herrn. Amen.

LIEDVORSCHLAG

GL 297 »Gott liebt diese Welt«

BESONDERES GESTALTUNGSELEMENT

Rote Nelken – Symbol der internationalen Arbeiterbewegung
oder
Brot und Rosen – Arbeit für den Lebensunterhalt und kulturelle Entfaltung
oder
Gabenprozession mit verschiedenen Symbolen aus dem Arbeitsleben (z. B. Aktenordner, Gewinde, Kochtopf oder -löffel, Bewerbungs- oder Kündigungsschreiben ...) bzw. einem Band mit den Texten der Katholischen Soziallehre.

Wolfgang Schmitt

Maria mit betenden Händen

Mariengottesdienst

SCHRIFTTEXT

Apg 1,12–14   Sie verharrten einmütig im Gebet zusammen mit
Maria, der Mutter Jesu

VERKÜNDIGUNG

Maria,
Tochter Gottes,
Mutter Jesu Christi,
verlobt und verheiratet mit Josef,
geboren in Nazaret,
Jungfrau,
Gottesgebärerin,
Mutter Gottes
und eine fromme Frau.

Vieles war mir an der Biografie von Maria schon fraglich: Ob sie
tatsächlich Jungfrau war oder nicht? Ob sie Josef liebte oder
nicht? Ob der Engel sie besuchte oder ob es nur ein Traum war?
Jedoch an einer Sache habe ich nie gezweifelt, dass Maria eine
fromme Frau war.
Ich stelle mir vor, wie sie um eine glückliche Geburt gebetet hat;
wie sie den kleinen Jesus im Gebet Gott anvertraut hat; und wie
ihr das Gebet durch die dunklen Zeiten hindurch geholfen hat, in
denen sie Jesus nicht verstand, in denen er von ihr ging, zunächst
in sein eigenes Leben und dann in den Tod.
Natürlich wird Maria auch ihre Glaubenszweifel gehabt haben,
natürlich hat sie auch »Warum gerade ich?« gefragt und hat mit
ihrem Schicksal gehadert. Als ob dies nicht zu einem frommen
Menschen dazugehörte. Oft sind es doch die Zweifel, die uns wieder weiterbringen, und manchmal sind es gerade die Schicksals-
schläge, die unseren Glauben nicht auslöschen, sondern reifer
und ernster werden lassen.
Ich sehe die betende Maria vor mir, mit gefalteten Händen in An-
dacht versunken. Es ist kein Kitschbild, das ich beschreibe. Ich

habe großen Respekt vor jedem betenden Menschen und vor Maria. Ich bin angerührt von der bloßen Gegenwart eines Menschen, der es vermag, einfach vor Gott da zu sein, absichtslos, ohne Hintergedanken, nur da sein und die Gegenwart Gottes verkosten. Nur da und im Kontakt zu ihm. Ich bin berührt von solcher Anmut, die mir so wenig, Maria doch viel mehr gelingt.

Maria,
Tochter Gottes,
Frau aus Nazaret,
Gottesgebärerin,
Schwester im Glauben
und Vorbild im Gebet.

TAGESGEBET

Gott unseres Gebetes.
Du suchst uns Menschen, so wie wir dich suchen. Du hörst uns, wenn wir zu dir beten. Du sprichst zu uns, wenn wir schweigen. Lass uns wie Maria im Gebet mit dir verbunden sein. Lass uns wie Maria mit dir im Kontakt bleiben – im Gottesdienst und in unserem Alltag.
Darum bitten wir durch Jesus Christus.

FÜRBITTEN

Gott unseres Gebetes, weil du uns suchst, können wir dich finden; weil du uns hörst, macht es Sinn, mit dir zu sprechen. Wir bitten dich:

- Für alle, die im Beten wachsen wollen.

- Für alle, denen beten schwer fällt.

- Für alle, die sich nicht erhört fühlen.

- Für alle, die nicht wissen, um was sie beten sollen.

Du Gott, stärke uns im Gebet und durch das Gebet. Dir sei Lob und Ehre in Ewigkeit. Amen.

LIEDVORSCHLAG

Erdentöne – Himmelsklang 254,1–3 »Einfach zu hören«

GESTALTUNGSELEMENT

Sich mit betenden Händen wahrnehmen und beten

Nach dem Evangelium werden die Teilnehmenden eingeladen, sich zu setzen und dann bewusst und langsam ihre Hände zu falten und sich mit den gefalteten Händen wahrzunehmen (die Leitung vollzieht die Anleitung mit):

- Bitte falten Sie ganz langsam und behutsam Ihre Hände.
- Nehmen Sie sich mit gefalteten Händen wahr.
- Spüren Sie, was in Ihrem Körper geschieht, wenn Sie Ihre Hände falten.
- Spüren Sie nach, wie das Falten der Hände Ihre Aufmerksamkeit sammelt.
- Bleiben Sie einen Moment in der gesammelten Stille.
- Verweilen Sie so eine kurze Zeit vor Gott.
- Öffnen Sie jetzt genauso langsam und behutsam die gefalteten Hände und halten Sie die geöffneten Hände vor Ihren Körper.
- Nehmen Sie sich mit geöffneten Händen wahr.
- Spüren Sie, was in Ihrem Körper geschieht, wenn Sie mit geöffneten Händen vor Gott treten.
- Verweilen Sie so eine kurze Zeit vor Gott.
- Jetzt bitte ich Sie, eine der Haltungen auszuwählen, in der Sie mit den anderen zusammen die Fürbitten beten wollen. Wir bleiben dazu sitzen.

Christiane Bundschuh-Schramm

Das Band der Liebe

Gottesdienst zum Muttertag

SCHRIFTTEXT

Kol 3,1–14   Die Liebe ist das Band, das alles zusammenhält

VERKÜNDIGUNG

Es ist etwas Besonderes zwischen einer Mutter und ihrem Kind. Eine Verbindung, die bleibt, ob das Kind klein ist oder erwachsen, ob es zu Hause wohnt oder weit weg ist oder auch nichts mehr von der Mutter wissen will. Es ist eine Verbindung der Liebe, des Sorgens, eine Verbindung des Mit-freuens und Mit-leidens, manchmal auch eine Verbindung des Schmerzes.

»Die Liebe ist das Band, das alles zusammenhält«, so schreibt der Apostel Paulus im Kolosserbrief (3,14). Die meisten Mütter spüren solch ein Band, das sie mit ihren Kindern zusammenhält, ein unsichtbares, unzerstörbares Band. Vielleicht ist dieses Band eine bleibende und lebendige Erinnerung an das Band, das damals dem werdenden Kind Leben und Entwicklung ermöglichte, die Nabelschnur. Die Nabelschnur wurde zerschnitten und doch bleibt eine enge Verbindung.

Ein Band der Liebe – nehmen wir irgendein Band und betrachten es: So ein Band können zwei Menschen zwischen sich nehmen, es rechts und links anfassen, dann verbindet das Band die beiden, schafft etwas Gemeinsames zwischen ihnen.

So ein Band können zwei auch um sich herumlegen. Das Band umschließt sie, hüllt sie ein. Es gibt Halt, darin kann man sich wohl fühlen, geborgen, einander umsorgen, sicher sein nach außen.

So ein Band kann vielleicht aber auch zu eng werden, zu wenig Freiraum bieten, wenn einer von beiden sich zu breit macht, zu viel fordert oder erwartet und den anderen damit einengt. Und das kann so weit gehen, dass es einem oder beiden die Luft abschnürt, dass das Band zur Fessel wird, die behindert.

Solche und andere Erfahrungen machen Mütter mit ihren Kindern und machen Söhne und Töchter mit ihren Müttern.

Dass Menschen einander lieben können, dass Menschen eine intensive Verbindung miteinander eingehen können, das führen Christinnen und Christen auf Gott zurück. Gottes Liebe ermöglicht unsere menschliche Liebe. Paulus sagt das so: »Ihr seid von Gott geliebt, seid seine auserwählten Heiligen« (Kol 3,12). Gott kommt uns entgegen mit seiner unendlichen Liebe. Das ist das Erste vor all unserm Tun und Mühen. Aus Gottes Verbindung mit uns ist für uns Bindung möglich. Wir vermögen uns zu binden, weil sich Gott mit den Menschen verbunden hat. Das Band unserer Liebe ist gewoben aus der Liebe Gottes.
So ein Band kann dann auch kein starres und einengendes sein, wie vorhin beschrieben. Ich stelle mir dieses Band wie ein Gummiband vor. So ein Band hält zusammen und bindet Menschen aneinander. Aber in diesem Band steckt noch mehr. Es kann sich dehnen, sich verändern, da ist Leben möglich; da kann etwas wachsen, etwas anders werden. Auf Mütter und ihre Kinder bezogen: Da können Mütter sich selbst und ihre Kinder frei lassen, voneinander unterschieden sein, sich entwickeln, verändern und doch hält dieses Band. Da gibt es manchmal große Nähe und manchmal mehr Distanz. Dieses Band hält auch schwere, druckvolle Zeiten aus, es zerreißt nicht so schnell.
Der Muttertag ist Gelegenheit, dieses Band der Liebe zu feiern oder auch es neu zu spannen.

TAGESGEBET

Guter Gott.
In der Liebe unserer Mütter leuchtet deine mütterliche Liebe auf.
Dafür danken wir dir und bitten dich:
Schenke uns allen die Gabe der Fürsorge und der Großzügigkeit,
Fantasie und Energie für ein gelingendes Miteinander.
Darum bitten wir im Heiligen Geist durch Jesus Christus, unseren Bruder und Herrn.

FÜRBITTEN

Guter Gott, weil du uns liebst, können wir einander lieben und füreinander einstehen. Deshalb bitten wir dich:

– Für die jungen Frauen, die ungeplant und viel zu früh Mütter werden: dass sie ihr Kind annehmen und in ihre Aufgaben hineinwachsen können.

– Für die Mütter, die Beruf und Familie miteinander vereinbaren müssen: dass sie mit Kraft und Ausdauer ihre Arbeit tun können und einen Ort haben, wo sie neue Kraft schöpfen können.

– Für die Mütter, die von ihren Kindern im Stich gelassen wurden: dass sie nicht bitter werden, sondern etwas Neues für ihr Leben finden.

– Für die Mütter, die in großer Sorge um ein Kind sind: dass sie sich befreien können von der Meinung, für alles verantwortlich zu sein, und dass sie Hilfe erfahren.

Großer Gott, in deiner Liebe sind wir geborgen. Wir danken dir und preisen dich, heute und alle Tage bis in Ewigkeit. Amen.

LIEDVORSCHLAG

GL 298 »Herr, unser Herr, wie bist du zugegen«

GESTALTUNGSELEMENT

Es bietet sich an, die Ansprache zu illustrieren mit einem realen Band. Dafür eignet sich gut ein breiteres gewobenes Gummiband (aus dem Kurzwarengeschäft). Dieses Band lässt sich an entsprechender Stelle zeigen und dehnen.

Beate Jammer

Textnachweis

S. 65: Rose Ausländer, Wir spielen Ostern, aus: dies., Die Sichel mäht die Zeit zu Heu. Gedichte 1957–1965, © S. Fischer Verlag GmbH, Frankfurt am Main, 1985.

S. 85: Ulla Hahn, Zum Sonntag, aus: dies., Unerhörte Nähe. Gedichte, © 1988 Deutsche Verlags-Anstalt GmbH, Stuttgart.

S. 101: Kurt Marti, Harfenzauber, aus: Das Gedicht. Zeitschrift für Lyrik, Essay und Kritik. 9. Jg. Nr. 9. Göttlicher Schein. Heilige Gedichte. 2001. S. 9, © Anton G. Leitner Verlag und Kurt Marti, Weßling/Bern 2001.

S. 156: Marianne Moore, Der Geist ist eine verzaubernde Sache, aus: dies., Kein Schwan so schön. 25 Gedichte ausgewählt und übersetzt von Jürgen Brôcan, © 2001 Urs Engeler Editor. Basel, Weil am Rhein, Wien.

AUTORINNEN UND AUTOREN

Anton Bauer
Pfarrer, Schwäbisch Gmünd

Michael Becker
Pfarrer, Nagold

Christoph Böttigheimer
Pfarrer, Tübingen

Michael Broch
Pfarrer, Leonberg

Christiane Bundschuh-Schramm
Referentin, Rottenburg

Angelika Daiker
Referentin für Trauer- und
Sterbebegleitung, Stuttgart

Heribert Feifel
Pfarrer, Stuttgart

Peter Fromm
Gemeindeleiter, Olten

Jens Göltenboth
Studentenpfarrer, Ulm

Wolfgang Gramer
Pfarrer, Tamm

Winfried Häberle
Pfarrer, Esslingen

Beate Jammer
Pastoralreferentin, Ebersbach

Heinrich Klöpping
Pfarrer, Großbottwar

Suse Mandl
Pastoralreferentin, Stuttgart

Johanna Merkt
Ehrenamtliche Mitarbeiterin,
Heilbronn

Wolfgang Schrenk
Pfarrer, Wernau

Anton Seeberger
Pfarrer, Stuttgart

Martin Stöffelmaier
Pfarrer, Baiersbronn

Clemens Stroppel
Regens, Rottenburg

Wolfgang Tripp
Caritasdirektor, Stuttgart

Paul Weismantel
Domvikar, Würzburg

Robert Widmann
Pfarrer, Reutlingen

Josef Wiedersatz
Krankenhausseelsorger, Stuttgart

Verfasser des einführenden Beitrags »Er übergab den Geist« ist Dr. Benedikt Schwank OSB, Professor für neutestamentliche Exegese, Beuron.